Best tips ever!

Get Cultured

LOCAL
KIRSTEN DUIJN

STADT
AMSTERDAM

BERUF
KOORDINATORIN IM GESUNDHEITSWESEN

Kirsten und ihr Fahrrad sind in der Stadt unzertrennlich. Für ihre Arbeit ist sie viel mit dem Rad unterwegs, aber auch in ihrer Freizeit fährt sie am liebsten mit dem Rad. Von gemütlichen Cafés bis zu den besten Clubs, von Flohmärkten zu den schönsten lokalen Ausflugszielen – Kirsten kennt den Weg.

PRAKTISCHE INFOS

Mit den sechs Routen aus diesem Guide kannst du Amsterdam zu Fuß entdecken. Die Touren führen an Museen und Sehenswürdigkeiten vorbei und zeigen dir dabei vor allem, wo du gut essen und trinken, shoppen, das Leben genießen und schöne Dinge erleben kannst. Die Übersichtskarte vorne im Buch zeigt dir, durch welche Stadtteile die Routen verlaufen.

Jede Route ist klar und verständlich auf einem detaillierten Stadtplan eingezeichnet, welcher sich jeweils am Beginn des Kapitels befindet. Die Adressen sind ebenfalls darauf markiert. An der Farbe der Punkte erkennst du, um was für eine Adresse es sich handelt (sieh dir dazu die Legende unten auf dieser Seite an). Zudem werden sämtliche Adressen in den Kapiteln ausgiebig beschrieben.

Ohne einen längeren Aufenthalt an den genannten Adressen dauert eine Route maximal drei Stunden. Die Länge ist jeweils über der betreffenden Routenbeschreibung in Kilometern angegeben.

PREISE

Um dir eine Vorstellung von den Preisen in den Restaurants zu vermitteln, gibt es zu jeder Adresse einen Preishinweis. Wenn nicht anders angegeben, handelt es sich dabei um die durchschnittlichen Kosten für ein Hauptgericht. Bei den Eintrittspreisen der Sehenswürdigkeiten sind es die regulären Tarife.

FESTIVALS UND VERANSTALTUNGEN

Überall in der Stadt finden verschiedene Festivals statt – insbesondere während des Sommers. Hier findest du eine Auswahl der größeren Veranstaltungen:

LEGENDE

- >> SEHENSWÜRDIGKEITEN
- >> ESSEN & TRINKEN
- >> SHOPPEN
- >> FREIZEITTIPPS

DAS BESTE VON AMSTERDAM IN 6 ROUTEN

ROUTE 1 > CENTRUM S. 18

Das Zentrum bietet mehr als die berühmte Kalverstraat und das Rotlichtviertel De Wallen. Lass dich von außergewöhnlichen Restaurants und mittelalterlichen Plätzen überraschen und erlebe die Ruhe auf den Grachten.

ROUTE 2 > JORDAAN-VIERTEL & NEGEN STRAATJES S. 38

Das Jordaan-Viertel ist der gemütlichste Stadtteil Amsterdams. Schlendere durch die Straßen mit ihren monumentalen Gebäuden und shoppe im Viertel De Negen Straatjes.

ROUTE 3 > OUD-WEST & VONDELPARK S. 58

Rund um den Vondelpark findest du elegante und mondäne Straßenzüge. Weniger bekannt ist das kreative Viertel Oud-West

ROUTE 4 > WEST & WESTERPARK S. 78

In den letzten zehn Jahren haben sich West und der Westerpark enorm verändert. Der raue Charme ist geblieben, aber inzwischen haben sich hier viele Vintage-Läden, angesagte Cafés und Pop-Up-Stores angesiedelt.

ROUTE 5 > OOST & DE PIJP S. 98

Im Stadtteil Oost und im multikulturellen Viertel De Pijp pulsiert das Leben. Kultur, gute Restaurants, Märkte und Geschäfte bieten alles, was das Herz begehrt.

ROUTE 6 > DIE INSELN & NOORD S. 118

Die Inseln faszinieren mit ihrer architektonischen Schönheit. Der Stadtteil Noord hat sich in den vergangenen Jahren von einem industriellen Stadtteil zu einem Hotspot der Stadt entwickelt.

HAPPY TIME GUIDE AMSTERDAM

Raus aus dem Hotel und schon geht's los zu den schönsten Vierteln der Stadt. Ganz nebenbei entdeckst du unterwegs neue Restaurants, den besten Kaffee und das vor Ort gebraute Bier. Im happy time guide geben vor Ort lebende Autoren aus Liebe zu ihrer Stadt ausschließlich die echten Highlights weiter. Auf diese Weise ersparst du dir die übervollen Allerwelts-Einkaufsstraßen und spazierst, während du unterwegs noch die eine oder andere Sehenswürdigkeit mitnimmst, zu den nettesten Adressen der Stadt, die auch von den Locals besonders gerne besucht werden. Genieße jede Sekunde und mach das Beste aus deinem Städtetrip.

AUF NACH AMSTERDAM!

Amsterdam ist eine beeindruckende Stadt und ein multikultureller Schmelztiegel mit aufgeschlossenen Einwohnern. Es heißt nicht umsonst: Amsterdam, die Stadt, in der alles möglich ist. Aber was unserer Meinung nach Amsterdam so besonders macht, sind die unzähligen Museen und das abwechslungsreiche Shoppingangebot, von Vintage und Design bis hin zu hippen Pop-Up-Stores. Diese findest du auch in den Vierteln abseits der Innenstadt, genauso wie viele Restaurants, moderne Cafés und alteingesessene Kneipen. Die Außenbezirke der Stadt zeichnen sich durch ihren rauen industriellen Charme und die zahlreichen Festivals, Untergrundpartys und Flohmärkte aus. Wir zeigen dir, wo du die schönsten Adressen findest.

Mit dem happy time guide erlebst du wunderbare Spaziergänge und den hiesigen Lifestyle und entdeckst die Stadt in deinem eigenen Tempo. Ohne dass du dich großartig dafür vorbereiten musst. Unsere Routen führen dich vorbei an den beliebtesten Restaurants, Cafés, Shops und Sehenswürdigkeiten: vorbei an den Orten unserer Stadt, wo wir selbst gerne hingehen, um eine gute Zeit zu haben. Vielleicht treffen wir uns ja?

Keine der beschriebenen Adressen hat für die Vermittlung bezahlt, weder für den Text noch für die Fotos. Sämtliche Texte wurden von einer unabhängigen Redaktion verfasst.

Rollende Keukens – Mai & Juni (*www.rollendekeukens.nl*)
Foodtrucks, Livemusik und viel Fingerfood: Während dieses Festivals verwandeln sich Westergasterrein und der Westerpark zu einem großen Open-Air-Restaurant.

Amsterdam Roots – Juni (*www.amsterdamroots.nl*)
Ein Festival der Weltmusik und -kultur. Neben dem Open-Air-Festival Roots Open Air im Oosterpark finden an verschiedenen Orten der Stadt rund 60 Konzerte statt.

ITS Festival Amsterdam – Juni & Juli (*www.itsfestivalamsterdam.com*)
Eine Gruppe von Künstlern aus den Niederlanden und dem Ausland präsentiert auf dem Festival der Internationalen Theaterschule ihre (Abschluss-)Aufführungen.

Het Amsterdams Bostheater – Juni, Juli & August (www.bostheater.nl)
Theateraufführungen, Konzerte und Jugendtheater unter freiem Himmel in der zauberhaften Umgebung des Amsterdamse Bos.

Keti Koti Festival – 1. Juli (*www.ketikotiamsterdam.nl*)
Die Feier und das Gedenken an die Abschaffung der Sklaverei in den ehemaligen niederländischen Kolonien. Ausgelassene (Musik-)Party im Oosterpark.

Over het IJ Festival – Juli (*www.overhetij.nl*)
Theaterfestival im Norden von Amsterdam. Im Rahmen des Festivals werden an verschiedenen Orten Theaterstücke aufgeführt, unter anderem rund um den NDSM-Kai.

Julidans – Juli (*www.julidans.nl*)
Renommiertes Festival für internationalen, modernen Tanz. Die Auftritte finden überall in der Stadt, vom Westen bis in den Süd-Osten, statt.

Kwaku Summer Festival – Juli & August (*www.kwakufestival.nl*)
Multikulturelles Festival an vier aufeinanderfolgenden Wochenenden im Nelson-Mandela-Park.

Grachtenfestival – August (*www.grachtenfestival.nl*)
Festival mit Aufführungen klassischer Musik an besonderen Orten auf und am Wasser im Stadtzentrum, an den Ufern des IJ und in Noord.

Pride Amsterdam – Anfang August (*www.amsterdampride.nl*)
Das größte LGBTQ-Event der Niederlande, mit kulturellen und sportlichen Aktivitäten, Partys und der extravaganten Schiffsparade (Canal Parade).

De Parade – Erste Augusthälfte (*www.deparade.nl*)
Festival von Wanderschaustellergruppen im Martin-Luther-Kingpark. Mit verschiedenen (überraschenden) Theater-, Musik- und Tanzaufführungen.

Appelsap – Zweiter Samstag im August (*www.appelsap.net*)
Musikfestival im Oosterpark. Hiphop, Urban Music, Soul, Modern Jazz.

Uitmarkt – Letztes Augustwochenende (*www.uitmarkt.nl*)
Die Eröffnung der kulturellen Saison. Zahlreiche Aufführungen, Partys und Stände. Unter anderem auf dem Museumsplein sowie dem Leidseplein und rund um den Vondelpark.

Museumnacht – November (*museumnacht.amsterdam/home*)
Lange Nacht der Museen in der ganzen Stadt.

IDFA – November (*www.idfa.nl*)
Auf diesem internationalen Festival werden die besten Dokumentationen gezeigt.

NATIONALE FEIERTAGE

Neben den beweglichen Feiertagen wie Ostern, Himmelfahrt und Pfingsten gibt es in den Niederlanden folgende offizielle Feiertage:

1. Januar > Neujahrstag
27. April > Königstag
5. Mai > Tag der Befreiung
25. & 26. Dezember > Weihnachten

HAST DU NOCH TIPPS?

Wir haben diesen Reiseführer so sorgfältig wie möglich zusammengestellt. Allerdings ändert sich das Angebot von Geschäften, Restaurants, Cafés und Bars in Amsterdam laufend. Wir bemühen uns ständig, die Routen und Adressdaten auf dem neuesten Stand zu halten und überarbeiten diesen Reiseführer regelmäßig. Falls du eine Adresse dennoch nicht mehr findest oder andere Anmerkungen und Tipps für diesen Guide hast, dann lass es uns wissen. Schreib uns eine E-Mail an lektorat@verlagshaus.de.

VERKEHR

ÖFFENTLICHER NAHVERKEHR

Amsterdam erreichst du am einfachsten mit dem **Zug**. Vom Hauptbahnhof Amsterdam Centraal kannst du direkt in die Stadt laufen.

In der Stadt kommst du mit der **Tram** am schnellsten herum. Amsterdam hat fünfzehn Tramlinien, von denen die meisten auch am Hauptbahnhof halten und von dort in die verschiedenen Stadtteile fahren. Der **Bus** ist dann am besten, wenn du vom Bahnhof in einen Stadtteil fahren möchtest, der etwas weiter entfernt ist. Nachts fahren zahlreiche **Nachtbusse** über oder ab Amsterdam Centraal (*www.gvb.nl*).

Die **Metro**-Linien 53 und 54 verbinden den Hauptbahnhof mit dem Bahnhof Amsterdam-Zuidoost. Die Linie 51 verkehrt vom Hauptbahnhof über Buitenveldert nach Amstelveen und Linie 50 vom Bahnhof Amsterdam Sloterdijk über den Bahnhof Zuid nach Gein. Die neueste Linie ist die Metrolinie 52, auch bekannt unter dem Namen Noord-Zuidlijn (Nord-Süd-Linie). Sie fährt vom Norden Amsterdams über den Hauptbahnhof zum Bahnhof Zuid.

Für die öffentlichen Verkehrsmittel in Amsterdam brauchst du eine aufladbare OV-Chipkarte. Diese bekommst du für 7,50 Euro und kannst sie an den Automaten an Bahnhöfen und Metrostationen aufladen (die Karte ist fünf Jahre gültig). Außerdem kannst du in den Trams und Bussen Stunden- und Tageskarten kaufen, diese sind in der Regel allerdings teurer (*www.ov-chipkaart.nl*).

GVB
IJVEER 5
Max. 240 personen
(Brom-)fietsers
motoren afzetten

GVB

AUTO

Wenn du mit dem **Auto** kommst, parkst du in der Innenstadt am besten in einem der Parkhäuser. Die Tarife für Parkplätze an den Straßen variieren von 1,40 bis 7,50 Euro pro Stunde. Je näher du am Stadtzentrum bist, umso teurer wird es. Du kannst auch eine Tageskarte kaufen. Wenn du Geld sparen möchtest, parkst du auf einem der P+R-Plätze (Park-and-Ride): an der Johan Cruijff ArenA, RAI, Bahnhof Amsterdam Sloterdijk, VU Medisch Centrum (nur an Wochenenden), Bos en Lommer, Olympiastadion, Zeeburg und Noord. An Wochentagen nach 10.00 Uhr und am Wochenende ist es hier am günstigsten. Mit deiner OV-Chipkarte, die beim Bezahlen eingescannt wird, zahlst du für 24 Stunden Parken nur 1 Euro. Unter der Woche vor 10.00 Uhr zahlst du auf einem der P+R-Plätze 8 Euro für 24 Stunden. Damit du allerdings diesen günstigen Tarif in Anspruch nehmen kannst, musst du mit deiner OV-Chipkarte mit der Metro, dem Zug oder dem Bus fahren. Und deine letzte Fahrt mit öffentlichen Verkehrsmitteln muss vom Stadtzentrum zum P+R erfolgen (*www.amsterdam.nl/parkeren-verkeer/parkeren-amsterdam/p-r*).

TAXI

Taxis kannst du einfach an der Straße anhalten. Außerdem gibt es überall in der Stadt Taxistände, am Hauptbahnhof steht immer ein Taxi bereit. Die bekannteste Taxi-Zentrale ist TCA (0207777777). Die maximale Grundgebühr beträgt 3,19 Euro, die Entfernungsgebühr 2,35 Euro pro Kilometer und die Zeitgebühr 0,39 Euro pro Minute. Achte darauf, dass sich der Fahrer an diese Regeln hält. Es gibt auch knallgelbe, saubere und leise Elektrotaxis, die wie englische Taxis aussehen. Oder du nimmst ein **Fahrrad-Taxi**, für eine Fahrt zwischen zwei Orten in der Innenstadt bezahlst du zwischen 10 und 15 Euro.

SIGHTSEEING VOM BOOT AUS

Viele Touristen nehmen das **Hop-On-Hop-Off-Boot und -Bus** (*www.citysightseeingamsterdam.nl*). Das Boot fährt durch die Grachten und hält in der Nähe der wichtigsten Museen, Einkaufsmöglichkeiten und Sehenswürdigkeiten. Mit dem Bus kommst du auch an Orte, die du per Boot nicht erreichst. Mit einer 24-Stunden-Karte für 25 Euro kannst du mit allen Booten und Bussen fahren und jederzeit ein- und aussteigen. Außerdem gibt es Abendfahrten (Buchung über *www.canal.nl*). Oder du machst eine Fahrt mit einem der vielen **Ausflugsboote** am Rokin.

RAD FAHREN

Wer in das Leben Amsterdams eintauchen möchte, steigt aufs **Fahrrad**. Mit dem Fahrrad kommt man oft am schnellsten von A nach B und in der Stadt gibt es viele gut ausgebaute Radwege. Außerdem ist es eine gute Möglichkeit, die Stadtviertel rund um die Innenstadt besser kennenzulernen. Mit der Fähre erreichst du auch mit dem Rad die nördlichen Stadtteile Amsterdams. Überall gibt es Wegweiser für Radfahrer. Diese sind an den weißen Schildern mit roter Schrift leicht zu erkennen. Bei der Touristeninformation im Bahnhof Amsterdam Centraal erhältst du viele verschiedene Fahrradkarten.

Amsterdam ist eine Fahrradstadt, daher achten die meisten Verkehrsteilnehmer auf die vielen Radfahrer auf den Straßen. Pass aber trotzdem gut auf: Insbesondere im Zentrum rund um den Dam kann es schon mal hektisch werden. Als Radfahrer musst du jederzeit auf Fußgänger, andere Radfahrer (vor allem ausländische Touristen, die es nicht gewohnt sind, mit dem Rad zu fahren), Busse, Trams und Autos achten. Auch wenn es die meisten Amsterdamer nicht tun: Halte dich an die Regeln und fahre nicht auf Tramschienen. Eine Klingel am Fahrrad ist ein wirklich nützliches Accessoire.

An zahlreichen Orten in der Stadt kannst du Fahrräder mieten. Bevor du das machst, solltest du checken, ob dein Hotel (kostenlos) Fahrrädder verleiht. Wenn das nicht der Fall ist, dann sind MacBike (*www.macbike.nl*) oder Yellow Bike (*www.yellowbike.nl*) gute Adressen. Beide bieten auch schöne Touren in und um Amsterdam mit erfahrenen Guides an.

Wohnst du in den Niederlanden und hast eine eigene OV-Chipkarte im Abo? Dann kannst du auch ein OV-Fahrrad mieten. An fast jedem Bahnhof (also auch am Hauptbahnhof) kannst du ein Fahrrad für 3,85 Euro für 24 Stunden mieten. Die OV-Fahrräder kannst du für maximal 72 Stunden mieten, aber gleichzeitig nur bis zu zwei Fahrräder (*www.ns.nl/deur-tot-deur/ov-fiets*).

TOP 10	RESTAURANTS

1 Bei **Coffee & Coconuts** fühlst du dich wie in New York > S. 111

2 Essen mit einmaliger Aussicht bei **REM Eiland** > S. 93

3 Snacks und Getränke im Foodcourt **De Hallen** > S. 74

4 **Café Modern** ist immer eine gute Wahl. > S. 130

5 Köstliche Pizza und Bloody Marys in der **Bar Spek** > S. 85

6 Im **Gartine** bekommst du einen fantastischen High Tea > S. 30

7 Holländische Köstlichkeiten im **Wilde Zwijnen** > S. 105

8 Ausgiebig und lecker essen im **Scheepskameel** > S. 126

9 Nachhaltige Gerichte erhältst du beim kreativen Hang-Out **Pllek** > S. 133

10 Großartige Klassiker im **Buffet van Odette** > Prinsengracht 598

TOP 10 SONNTAG

1. Genieße ein opulentes Frühstück im **The Breakfast Club** > S. 67
2. Spaziere über das zauberhafte **Prinseneiland** > S. 42
3. Im **Hangar** kannst du direkt am Wasser entspannen > S. 129
4. Ein Konzert am Sonntagmorgen in **Het Concertgebouw** > S. 77
5. Besuche den **Hortus Botanicus** mit exotischen Pflanzen > S. 117
6. Ein Drink in **de Nes,** der Theaterstraße von Amsterdam > S. 36
7. Erkunde spannende Shops in der **Utrechtsestraat** > S. 21
8. Mach eine Radtour durch den **Amsterdamse Bos** > S. 138
9. Probiere verschiedene Biere in der **Brouwerij 't IJ** > S. 127
10. Schaue einen Film in **The Movies**, dem ältesten Kino von Amsterdam > S. 55

TOP 10 | **KAFFEE**

1 Bei **Screaming Beans** gibt es den besten Kaffee > Runstraat 6

2 **Quartier Putain**: Kaffee im Rotlichtviertel > Oudekerksplein 4

3 **Espressofabriek** am Westerpark > Pazzanistraat 39

4 New Yorker Atmosphäre bei **White Label Coffee** > S. 86

5 *Nordic* Kaffee bei **Scandinavian Embassy** > S. 110

6 Genieße einen Hauch Südafrika bei **Coffee Bru** > S. 109

7 Bei **Winkel 43** gibt's Apfelkuchen zu deinem Kaffee > S. 46

8 Kaffee im Innenhof von **Hofje van Wijs** > S. 29

9 Kaffee und Kuchen von **Bakers & Roasters** > Eerste Jacob van Campenstraat 54

10 Bester Coffee to go bei **Lot Sixty One Coffee Roasters** > S. 67

TOP 10 MUSEEN

1 Besondere Filme und Ausstellungen siehst du bei **Eye** > S. 126

2 Das renovierte **Rijksmuseum** ist ein absolutes Muss > S. 62

3 Erkunde die Kontinente im **Tropenmuseum** > S. 102

4 Im **Moco Museum** werden moderne Künstler ausgestellt > Honthorstraat 20

5 Fotografiemuseum **Foam** mit vier Ausstellungen > S. 25

6 Das Mitmach-Museum **NEMO** für Groß und Klein > S. 134

7 Reise im **Het Scheepvaartmuseum** in die Vergangenheit > S. 122

8 Kunstschätze aus aller Welt in der **Eremitage Amsterdam** > S. 22

9 Der Stil der Amsterdamer Schule im **Museum Het Schip** > S. 84

10 Das **Verzetsmuseum** informiert über die Zeit des Zweiten Weltkriegs > S. 102

ROUTE 1

CENTRUM

INFOS ZUR ROUTE

Auf dieser Route kommst du an den meisten Sehenswürdigkeiten vorbei. Unter anderem führt sie dich zu den Orten, für die Amsterdam berühmt ist: das Rotlichtviertel de Wallen, die multikulturelle Straße Zeedijk und die atemberaubenden Grachten. Entlang der abwechslungsreichen Strecke lernst du neben der spannenden Geschichte und belebten Orte auch ruhigere Ecken der Stadt kennen. Diesen langen Spaziergang kannst du gut auf zwei Tage aufteilen, indem du am Oudezijds Achterburgwal zum Startpunkt zurückkehrst.

DAS VIERTEL

Wenn du mit dem Zug ankommst und am Hauptbahnhof von Amsterdam aussteigst, bist du direkt im lebendigen Zentrum der Stadt. Viele Touristen besuchen nur die berühmte Straße Damrak, de Wallen und die Kalverstraat. Aber das **Zentrum** bietet mehr als nur das. Amsterdam verdankt einen Großteil seines Ruhms den Grachten, die seit 2010 auch auf der UNESCO-Welterbeliste stehen. Im Goldenen Zeitalter wurden monumentale Gebäude mit großen Innenhofgärten gebaut und die Kalverstraat verwandelte sich von einem staubigen Viehmarkt in eine schicke Einkaufsstraße. Heute gibt es hier leider nur die üblichen langweiligen Geschäfte. Aber rund um die Kalverstraat findest du auch heute noch schöne Orte, zum Beispiel den **Begijnhof**, die **Beurs van Berlage**, den **Paleis op de Dam** und das **Amsterdam Museum**. In den Seitenstraßen der Einkaufsmeilen gibt es viele kleine Geschäfte mit einem spannenden Angebot.

Zwischen all den Grachten und den Prachtgebäuden kann man beinahe vergessen, dass Amsterdam nicht erst im Goldenen Zeitalter, also im 17. Jahrhundert, sondern schon 1300–1301 die Stadtrechte erhalten hat. Anhand des heutigen Stadtplans ist immer noch zu erkennen, wie die mittelalterliche Stadt um den Hafen, von dem heute nur noch die Wasserfläche neben dem Damrak übrig ist, entstanden ist. Und dort, wo heute der Hauptbahnhof steht, war früher das Meer.

BESCHREIBUNG ROUTE 1 (ca. 8 km)

Beginne deinen Spaziergang am Hauptbahnhof und gehe über die Sint-Nicolaasbrug zum Prins Hendrikkade für köstliches Slowfood (1). Setze deinen Weg über den Prins Hendrikkade fort und bewundere den Schreierstoren (2). Gehe die Straße Oudezijds Kolk hinunter und biege für einen Kaffee nach links in den Zeedijk ab (3). Hier kannst du in die Chinatown von Amsterdam eintauchen (4) (5) (6) (7) (8). Überquere den Nieuwmarkt (9), gehe in die Sint Antoniebreestraat (10) (11) und folge ihr bis zum Rembrandthuis (12). Passiere den Waterlooplein (13), überquere nach dem Rathaus die Brücke und folge der Staalstraat (14). Am Kloveniersburgwal biegst du links ab und gehst über die Brücke zum Halvemaansteeg. Laufe über den Rembrandtplein, in die Utrechtsestraat und dann links in die Herengracht. Gehe bis zur Amstel, dort über die Blauwbrug und nach rechts bis zur Eremitage (15). Überquere die Magere Brug (16) und folge der Amstel nach links bis zu Prinsengracht, dort hältst du dich rechts. Links in der Utrechtsestraat findest du einen Concept Store (17). Gehe nach rechts in die Utrechtsestraat, biege dann nach links in die Keizersgracht ab (18). Rechts in der Vijzelstraat passierst du den Munttoren (19). Über die Doelensluis kommst du in die Nieuwe Doelenstraat. Gehe links durch den kleinen Tunnel und biege dann nach rechts in die Vendelstraat ab. Über den Oudemanhuispoort (20) gelangst du zum Oudezijds Achterburgwal. Gehe nach links, dann rechts über die Brücke, so erreichst du die Theaterstraße de Nes (21). Genieße ein köstliches Stück Kuchen im De Laatste Kruimel (22) oder einen High Tea (23). Folge danach dem Rokin und biege rechts in den Olieslagerssteeg ab. Nur einen Katzensprung entfernt ist das Blue° im Heiligeweg (24). Auf dem Weg zu den besten flämischen Pommes folgst du der Voetboogstraat (25). Etwas weiter triffst du auf den Spui, wo freitags ein schöner Büchermarkt (26) stattfindet. Suche den Eingang zum Begijnhof (27) und verlasse ihn durch das Tor neben der Nr. 1. Gehe nach links in die Gedempte Begijnensloot und am Amsterdam Museum (28) vorbei nach rechts in den Nieuwezijds Voorburgwal (29). Über die Mozes en Äaronstraat erreichst du den Dam (30) (31). Auf der anderen Seite des Platzes gehst du nach links in die Warmoesstraat, wo spannende Kunst auf dich wartet (32). Von hier bietet sich ein Abstecher zur Beurs van Berlage (33) an. Statte dann der Oude Kerk (34) einen Besuch ab. Kehre über die Lange Niezel nach rechts in die Warmoesstraat (35) zurück. Rechts über den Oudezijds Armsteeg (36) gelangst du zu einer ganz besonderen Kirche (37). Besuche am Schluss die älteste Kneipe Amsterdams (38) oder sing dir die Seele aus dem Leib (39).

SEHENSWÜRDIGKEITEN

② Früher war der **Schreierstoren** aus dem Jahr 1487 Teil der Stadtmauer, die entlang des Hafens verlief. Der Name könnte entstanden sein, weil sich die Frauen Amsterdams hier zu den großen Zeiten der Niederländischen Ostindien-Kompanie weinend von ihren Männern verabschiedet haben. Das ist zwar eine schöne Geschichte, trifft es aber nicht richtig: *schray* bedeutet Ecke und verweist wahrscheinlich auf den scharfen Knick, den die Stadtmauer hier machte. Heute kann man in der schönen Umgebung des Turms und auf der Terrasse über dem Wasser Kaffee trinken und zu Mittag essen.

Prins Hendrikkade 94–95, www.schreierstoren.nl, Tel. 0204288291, Café So–Do 10.00–1.00, Fr, Sa 10.00–2.30 Uhr, Eintritt frei, Metro 51, 52, 53, 54 Centraal Station, Tram 2, 4, 12, 13, 14, 17, 26 Centraal Station

⑧ Der **Fo Guang Shan He Hua Tempel** ist der größte chinesisch-buddhistische Tempel Europas. Dieser wunderschöne Tempel wird für buddhistische Feiern genutzt, außerdem kann man hier Chinesisch- oder Buddhismus-Kurse belegen. Samstags werden um 14.00, 15.00 und 16.00 Uhr Führungen angeboten.

Zeedijk 106–118, www.ibps.nl, Tel. 0204202357, Di–Sa 12.00–17.00, So 10.00–17.00 Uhr, Eintritt frei, Führung ab 5 €, Metro 51, 53, 54 Nieuwmarkt

⑫ Ein Besuch des **Rembrandthuis** vermittelt einen guten Eindruck von den Wohn- und Arbeitsräumen, in denen der berühmte Maler von 1639–1658 lebte. Im Museum werden seine Gemälde, Skizzen und Zeichnungen ausgestellt.

Jodenbreestraat 4, www.rembrandthuis.nl, Tel. 0205200400, tgl. 10.00–18.00 Uhr, Eintritt 14 €, Metro 51, 53, 54 Nieuwmarkt oder Waterlooplein, Tram 14 Waterlooplein

⑮ Die **Eremitage Amsterdam** ist der einzige ausländische Ableger des weltberühmten Museums in Sankt Petersburg. Auf 4000 m² werden hier Kunstschätze aus aller Welt ausgestellt. Aber die Eremitage ist mehr als das: Regelmäßig werden Workshops veranstaltet und Filme gezeigt, die einem die reiche Geschichte Sankt Petersburgs und Russlands näherbringen.

Amstel 51, www.hermitage.nl, Tel. 0205308755, tgl. 10.00–17.00 Uhr, Eintritt für einige Ausstellungen 18 €, sonst 25 €, Metro 51, 53, 54 Waterlooplein, Tram 14 Waterlooplein

*
100% good time!

16

18

18
foam
foam

15

⑯ Die **Magere Brug** ist eine der schönsten Zugbrücken Amsterdams. Die beiden wohlhabenden Schwestern, die den Nachnamen Mager trugen und jeweils auf einer Seite der Amstel wohnten, sollen die (ursprüngliche) Brücke 1670 bauen lassen haben, um sich gegenseitig besuchen zu können. Wahrscheinlicher ist, dass die Brücke ihren Namen deshalb trägt, weil sie so schmal ist.
Amstel, zwischen Keizersgracht und Prinsengracht (Verlängerung der Kerkstraat), Metro 51, 53, 54 Waterlooplein, Tram 4 Prinsengracht

⑱ Liebhaber der Fotografie kommen im **Foam**, dem Fotografiemuseum von Amsterdam, voll auf ihre Kosten. Hier kann man die Werke bekannter Künstler wie Erwin Olaf und Jim Goldberg bestaunen, es werden aber auch unbekannte Talente ausgestellt. Meistens finden vier Ausstellungen gleichzeitig statt.
Keizersgracht 609, www.foam.org, Tel. 0205516500, Mo–Mi, Sa–So 10.00–18.00, Do, Fr 10.00–21.00 Uhr, Eintritt 12,50 €, Metro 52 Vijzelgracht, Tram 24 Muntplein

⑲ Der **Munttoren** ist ein Überbleibsel des Reguliersspoort, der 1487 erbaut und nach einem Brand 1620 neu errichtet wurde. Der Turm war Teil der mittelalterlichen Stadtmauer. Seinen Namen erhielt er während der französischen Besatzung, als Silber und Gold nicht mehr in die Münzstädte Dordrecht und Enkhuizen transportiert werden konnten.
Muntplein, Metro 52 Rokin, Tram 2, 12 Koningsplein

⑳ Das **Oudemanhuispoort** ist ein überdachter Durchgang, der vom Oudezijds Achterburgwal zum Kloveniersburgwal führt. Heute gelangt man durch das Tor jedoch nicht mehr zu den getrennten Herbergen für Männer und Frauen, sondern zum Binnengasthuis, einem Teil der Universität. Hier gibt es zahlreiche Verkaufsstände mit Secondhand-Büchern.
Oudemanhuispoort, Büchermarkt Mo–Fr 9.00–17.00 Uhr, Eintritt frei, Metro 52 Rokin, Tram 4, 14 Rokin

㉗ Der **Begijnhof** war im Mittelalter ein Treffpunkt für gläubige Frauen, an dem sie Kranke versorgten und Unterricht gaben. Heute ist der Hof eine stille Oase inmitten der lebendigen Innenstadt.
Begijnhof (Eingang über das Tor am Spui), www.begijnhofamsterdam.nl, tgl. 9.00–17.00 Uhr, Eintritt frei, Metro 52 Rokin, Tram 4, 14 Rokin

(28) Wie es der Name verrät, erfährst du im **Amsterdam Museum** alles über die Stadt. Hier werden sieben Jahrhunderte anhand von Geschichten, alten Filmen, Fotos, Tonaufnahmen und Gemälden zum Leben erweckt. Darüber hinaus gibt es hier regelmäßig spannende und überraschende Ausstellungen.
Kalverstraat 92, www.amsterdammuseum.nl, Tel. 0205231822, tgl. 10.00–17.00 Uhr, Eintritt 15 € inkl. Audioguide, Tram 4, 14 Rokin, 2, 12 Spui

(30) Ursprünglich diente der große klassizistische Palast am Dam-Platz als Rathaus, doch 1808 wurde er zum **Königlichen Palast**. Und er wird heute immer noch für feierliche Anlässe genutzt. 2013 verzichtete Königin Beatrix hier auf den niederländischen Thron. Im Inneren des Gebäudes lassen sich unzählige restaurierte Kronleuchter, Möbel und Meisterwerke bestaunen.
Dam 1, www.paleisamsterdam.nl, Tel. 0205226161, Mo–Fr 12.00–17.00, Sa, So 10.00–17.00 Uhr (während offizieller Empfänge geschlossen), Eintritt 10 € inkl. Audioguide, Tram 2, 4, 12, 13, 14, 17 Dam

(31) Im 14. Jahrhundert wurde die **Nieuwe Kerk** (Neue Kirche) gebaut, weil die Oude Kerk für die immer größer werdende Zahl an Gläubigen schlicht zu klein wurde. Hier fanden die offiziellen Amtseinführungen von sieben Generationen des Hauses Oranien statt. Außerdem haben Willem-Alexander und Máxima 2002 in dieser Kirche geheiratet. Am 30. April 2013 wurde Willem-Alexander hier vereidigt und in sein Amt als König der Niederlande eingeführt. Regelmäßig finden in der Kirche große Kunst- und Fotoausstellungen statt.
Dam 12, www.nieuwekerk.nl, Tel. 0206268168, Di–So 10.00–17.00 Uhr, Eintritt variiert, Tram 2, 4, 12, 13, 14, 17 Dam

(33) In der **Beurs van Berlage** wurde früher mit Getreide, Wertpapieren und Waren gehandelt. Der Architekt Berlage setzte sich für eine gerechtere Gesellschaft ohne den Handel an der Börse ein. Der Börsenhandel wurde zwar nicht abgeschafft, aber heute finden hier Konferenzen, Konzerte und Ausstellungen statt. Das **Bistro Berlage** verfügt über eine sonnige Terrasse und für Schokoladenfans ist ein Besuch in **Tony's Chocolonely Chocolate Bar** ein absolutes Muss!
Damrak 243, www.beursvanberlage.nl, Tel. 0205304141, Ausstellung Di–So 10.00–18.00, Bistro Mo 10.00–18.00, Di–So 10.00–22.00, Chocolate Bar tgl. 10.00–21.00 Uhr, Ausstellung 15 €, Metro 51, 52, 53, 54 Centraal Station, Tram 2, 4, 12, 13, 14, 17 Dam

(34) Die **Oude Kerk** ist das älteste erhaltene Gebäude Amsterdams. Die Kirche wurde wahrscheinlich als Holzkapelle erbaut. Um 1306 wurden die ersten Steine gelegt und in den folgenden Jahrhunderten nahm die Kirche in mehreren Bauabschnitten ihre heutige Form an. Hier finden regelmäßig Ausstellungen und Konzerte statt.

Oudekerksplein 23, www.oudekerk.nl, Tel. 0206258284, Mo–Sa 10.00–18.00, So 13.00–17.30 Uhr, Eintritt 12 €, Metro 51, 53, 54 Nieuwmarkt, Tram 4, 14 Dam

(37) Auf dem Dachboden eines Grachtenhauses verbirgt sich ein katholisches Kloster aus dem 16. Jahrhundert. Die offiziellen Kirchen waren damals reformiert. Nicht-Reformierte durften nur in solchen Räumen Gottesdienste feiern, die nicht als Kirchen erkennbar waren. So entstand **Ons' Lieve Heer op Solder**, das heute als Museum dient.

Oudezijds Voorburgwal 38, www.opsolder.nl, Tel. 0206246604, Di–Sa 10.00–18.00, So 13.00–18.00 Uhr, Eintritt 12,50 €, Metro 51, 53, 54 Nieuwmarkt, Tram 4, 14 Dam

Enjoy the best
local food!

ESSEN & TRINKEN

① Einen so gemütlichen Ort erwartet man wahrscheinlich nicht direkt gegenüber dem Bahnhof. Doch in diesem kunstvoll eingerichteten Wohnzimmer fühlt man sich sofort zu Hause. **Dwaze Zaken** ist die richtige Adresse für ein Tagesgericht oder ein Bier. Jeden Monat stellen die Köche ein Überraschungsmenü mit saisonalen Produkten aus der Region für 23,90 Euro zusammen.
Prins Hendrikkade 50, www.dwazezaken.nl, Tel. 0206124175, tgl. 10.00–21.00 Uhr, Preis 15,90 €, Metro 51, 52, 53, 54 Centraal Station, Tram 2, 4, 12, 13, 14, 17, 26 Centraal Station

③ Selbst geröstete Kaffeebohnen sind derzeit überall angesagt. Bei **Hofje van Wijs** werden bereits sehr mehr als 200 Jahren Kaffee und Tee importiert. Und im Innenhof scheint das Chaos auf dem Zeedijk unendlich weit entfernt.
Zeedijk 43, FB Hofjevanwijs1, Tel. 0206240436, Do 16.00–0.00, Fr, Sa 12.00–1.00, So 12.00–0.00 Uhr, Kaffee ab 2,50 €, Tee ab 3,00 €, Metro 51, 52, 53, 54 Centraal Station, Tram 2, 4, 12, 13, 14, 17, 26 Centraal Station

④ Versteckt zwischen den vielen asiatischen Restaurants und Geschäften liegt die **Sugar & Spice Bakery**. Dieses schöne Café mit einer großen Auswahl an süßen und herzhaften Köstlichkeiten ist eine willkommene Abwechslung am Zeedijk. Besonders zu empfehlen ist der Brunch, es gibt auch vegane Optionen.
Zeedijk 75, FB Sugarspiceamsterdam, Tel. 0621980988, Mo–Fr 9.00–18.00, Sa 9.00–17.30, So 10.00–17.30 Uhr, Brunch 15 €, Metro 51, 52, 53, 54 Centraal Station, Tram 2, 4, 12, 13, 14, 17, 26 Centraal Station

⑤ Wenn du nach einem gemütlichen Restaurant mit einem stimmungsvollen Ambiente suchst, ist die Thai-Snackbar **Bird** nicht ganz der richtige Ort ... Aber für eine gute, schnelle Mahlzeit bist du hier genau an der richtigen Adresse! Die Gäste sitzen dicht an dicht und die Einrichtung passt nicht immer zusammen, aber gerade das macht den Charme aus. Manchmal muss man warten, bis einer der heiß begehrten Plätze frei wird, aber das Warten lohnt sich!
Zeedijk 77, www.thaibird.nl, Tel. 0204206289, Mo–Mi 13.00–22.00, Do–So 13.00–22.30 Uhr, Preis 12 €, Metro 51, 52, 53, 54 Centraal Station, Tram 2, 4, 12, 13, 14, 17, 26 Centraal Station

⑨ Früher war de Waag ein Teil der mittelalterlichen Stadtmauer. Das Gebäude wurde bereits 1425 errichtet. Im 17. Jahrhundert wurde es in ein Wiegehaus umgewandelt, später diente es als Rathaus, Museum, Feuerwache und anatomisches Theater, das sich auch auf Rembrandts Gemälde *Die Anatomie des Dr. Tulp* wiederfindet. Heute kann man im Restaurant **In de Waag** mit Blick auf das imposante Wiegehaus zu Mittag oder zu Abend essen.
Nieuwmarkt 4, www.indewaag.nl, Tel. 0204227772, tgl. 9.00–22.00 Uhr, Preis 23 €, Metro 51, 53, 54 Nieuwmarkt, Tram 4, 14 Dam

⑪ Bei **Betty Blue** stehen neben Pfannkuchen und Strammem Max auch Frühstücks-Tacos auf der Speisekarte. Egal ob Frühstück, Brunch oder Mittagessen, hier kommen immer die besten Gerichte auf den Teller. Die große Auswahl an Torten und Kuchen lässt einem schon bei der Auswahl das Wasser im Mund zusammenlaufen. Die Terrasse ist zudem der perfekte Spot, um das urbane Leben an sich vorbeiziehen zu lassen.
Snoekjessteeg 1, www.bettyblueamsterdam.nl, Tel. 0208100924, tgl. 9.30–18.00 Uhr, Frühstück 9 €, Metro 51, 53, 54 Nieuwmarkt, Tram 14 Waterlooplein

㉒ Man kann nicht am Schaufenster von **De Laatste Kruimel** vorbeigehen, ohne in Versuchung zu geraten: Die saftigen Käsekuchen, glänzenden Brownies und köstlichen Torten lächeln einen an. Und das Angebot macht noch mehr Appetit, wenn man weiß, dass alles aus reinen Zutaten hergestellt wird. Wenn du Glück hast, findest du noch einen freien Platz am Wasser, aber es macht auch Spaß, drinnen beim Essen in die offene Küche zu schauen.
Langebrugsteeg 4, www.delaatstekruimel.nl, Tel. 0204230499, Mo–Sa 8.00–20.00, So 9.00–20.00 Uhr, Tortenstück 3,50 €, Metro 52 Rokin, Tram 4, 14 Rokin

㉓ Gut versteckt im Taksteeg, zwischen Kalverstraat und Rokin, liegt das **Gartine**. Ein Großteil des Gemüses und der Früchte, die hier verarbeitet werden, kommen aus dem eigenen Garten – und das schmeckt man. Probiere unbedingt das Sauerteigbrot mit Brennnesselkäse und hausgemachtem Chutney oder den Birnenkuchen mit Ingwer. Außerdem ist das Gartine eine gute Adresse für einen High Tea. Zur Mittagszeit sollte man einen Tisch reservieren.
Taksteeg 7, www.gartine.nl, Tel. 0203204132, Mi–Sa 9.00–17.00, So 9.00–16.00 Uhr, Lunch 9,50 €, High Tea ab 17,95 €, Metro 52 Rokin, Tram 4, 14 Rokin

22

9
GULPENER

24

㉔ Der Kalvertoren hebt sich deutlich von seiner Umgebung ab. Das Restaurant **Blue°** hat sich dies zu eigen gemacht: Durch die Glasfront hat man von fast jedem Tisch einen wunderbaren Blick auf die Stadt. Fahr mit dem gläsernen Aufzug nach ganz oben und genieß dort ein Sandwich oder ein Glas Wein!
Singel 457, www.blue-amsterdam.nl, Tel. 0204273901, Mo, So 11.00–18.30, Di, Mi, Fr, Sa 10.00–18.30, Do 10.00–20.00 Uhr, Sandwich 10 €, Tram 2, 12 Koningsplein

㉕ Pommes sind und bleiben einer der leckersten Snacks. Bei **Vlaams Frietkhuis Vleminckx** bekommst du die besten Pommes von Amsterdam – bei mehr als 55 Jahren Erfahrung ist das auch kein Wunder. Wähle dazu aus einer der 25 Soßen: von Mayonnaise bis Samurai und von Ketchup bis gelben Curry.
Voetboogstraat 33, www.vleminckxdesausmeester.nl, Tel. 0206246075, Mo 12.00–19.00, Di, Mi, Fr–So 11.00–19.00, Do 11.00–20.00 Uhr, Pommes frites mit Soße 3,60 €, Metro 52 Rokin, Tram 2, 12 Koningsplein

㉙ Auf der Speisekarte des Kaffee- und Lunchhauses **Stadspaleis** finden sich zahlreiche frische, gesunde Gerichte wie Wraps, Salate und Suppen, die mit

fairen Produkten zubereitet werden. Probiere die köstlichen belgischen Bio-Pommes mit hausgemachter Tartar-Soße und dazu einen Bio-Burger.
Nieuwezijds Voorburgwal 289, www.stadspaleis.com, Tel. 0206256542, tgl. 11.00–19.00 Uhr, Sandwich 6,50 €, Metro 52 Rokin, Tram 2, 4, 12, 13, 14, 17 Dam

㉟ Bei **Pasta Pasta** weiß man, dass man für die Herstellung von Nudeln ganz besondere Fähigkeiten benötigt. Das Ergebnis ist von Hand gefertigte Pasta mit herrlichen Zutaten, die morgens frisch auf dem Markt eingekauft wurden.
Warmoesstraat 49, restaurantpastapasta.nl, Tel. 0203311199, tgl. 11.00–0.00 Uhr, Preis 13,50 €, Metro 51, 52, 53, 54 Centraal Station, Tram 2, 4, 12, 13, 14, 17, 26 Centraal Station

㊳ Erlebe die Atmosphäre des alten Amsterdams im Café **In't Aepjen**. Hier soll schon im 15. Jahrhundert die niederländische Redewendung „im Affen sein" entstanden sein. Wenn die Gäste ihre Rechnung nicht zahlen konnten, hat sich der Besitzer in Affen auszahlen lassen, die von den Seeleuten mitgebracht wurden. Die Tiere hatten Flöhe, und wenn sich am Zeedijk jemand heftig kratzen musste, sagte man: „Der ist im Affen gewesen."
Zeedijk 1, Tel. 0206268401, So–Do 12.00–1.00, Fr, Sa 12.00–3.00 Uhr, Getränk 3 €, Metro 51, 52, 53, 54 Centraal Station, Tram 2, 4, 12, 13, 14, 17, 26 Centraal Station

SHOPPEN

⑥ **Toko Dun Yong** ist bei Weitem der größte und einer der ältesten Asia-Märkte der Stadt. Hier erhält man Sojasoße und Nudelsuppen, aber auch weniger bekannte Produkte wie bunt gefärbte Frühlingsrollen. Auf sechs Etagen werden Lebensmittel und Getränke, aber auch Woks, Fondue-Sets, Bücher und Porzellan angeboten. Im Restaurant in der zweiten Etage gibt es gute Ramen.
Stormsteeg 9, www.dunyong.com, Tel. 0202617689, Mo–Fr 9.00–19.00, Sa 9.00–18.00, So 11.00–18.00 Uhr, Metro 51, 53, 54 Nieuwmarkt, Tram 2, 4, 12, 13, 14, 17, 26 Centraal Station

⑦ Aus Asien kommen nicht nur uralte (Essens-)Traditionen, sondern auch viel Neues. Die prall gefüllte **Asia Station** trägt alle Neuheiten zusammen, die der

Kontinent zu bieten hat: von Bubble Tea über schöne *Asia-Style*-Kleider bis zu Kosmetika von speziellen asiatischen Marken.

Zeedijk 100, www.asiastation.nl, Tel. 0203032628, Mo–Sa 10.30–18.00 Uhr, Metro 51, 53, 54 Nieuwmarkt, Tram 2, 4, 12, 13, 14, 17, 26 Centraal Station

⑩ **Bis!** ist ein Muss für Vintage-Liebhaber: drei über und über gefüllte Geschäfte mit Kleidung, Schuhen und Accessoires. Hier findest du viele einzigartige, hochwertige Kleidungsstücke – unabhängig davon, ob du nach einem besonderen Abendkleid aus den 1950er-Jahren oder einem flippigen Hosenanzug aus den 1970er-Jahren suchst. Das Angebot richtet sich nicht nur an Frauen, auch Männer findet hier eine große Auswahl an Outfits.

Sint Antoniesbreestraat 25a, www.bis-vintage.nl, Tel. 0206203467, Mo 12.00–18.00, Di–Fr 11.00–18.00, Sa 11.00–17.00, So 12.00–17.00 Uhr, Metro 51, 53, 54 Nieuwmarkt, Tram 14 Waterlooplein

⑬ Gleich hinter dem Rathaus und dem Muziektheater liegt der **Waterlooplein** mit über 300 Secondhand-Ständen. „Wenn man es hier nicht bekommt, dann gibt es das auch nicht", wird gerne gesagt. Der Markt ist zwar kein Ort mehr für Schnäppchenjäger, sehenswert bleibt der Waterlooplein aber allemal.

Waterlooplein, waterlooplein.amsterdam, Mo–Sa 9.30–18.00 Uhr, Metro 51, 53, 54 Waterlooplein, Tram 14 Waterlooplein

⑭ Suzanne Hof ist die Inhaberin von **Locals**, einem Geschäft für niederländisches und insbesondere Amsterdamer Design und Modeaccessoires. Hier verkauft sie auch ihren selbst entworfenen Schmuck der Hausmarke Sugarz Jewelry, den sie auf Wunsch in deiner Lieblingsfarbe oder nach deinen Vorstellungen anfertigt.

Staalstraat 26, localsamsterdam.com, Tel. 0205286500, Mo 13.00–18.00, Di–Sa 11.30–18.00, So 12.00–18.00 Uhr, Metro 51, 53, 54 Waterlooplein, Tram 14 Waterlooplein

⑰ **MaisonNL** ist ein spannender Concept Store, dessen Angebot sich immer wieder ändert. Hier findest du vor allem moderne skandinavische Bekleidung, Wohnaccessoires aus natürlichen Materialien und Unterwäsche der Amsterdamer Marke Love Stories.

Utrechtsestraat 118, www.maisonnl.com, Tel. 0204285183, Di–Sa 11.00–18.00, So 13.00–17.00 Uhr, Tram 4 Prinsengracht

TOKO
DUN YONG
店貨雜容鄧

(32)

FREIZEITTIPPS

(21) **De Nes** ist die Theaterstraße von Amsterdam. Das Frascati ist das älteste Theater in der Straße und zusammen mit den Gästen des Brakke Grond und des Torpedo-Theaters wird es hier vor allem am Abend und am Sonntagnachmittag besonders lebendig. Außerdem solltest du dir die *Gebed zonder End* anschauen, eine kleine Gasse, die auf eines der vielen Klöster verweist, die es im Mittelalter in der Stadt gab.

Nes, Metro 52 Rokin, Tram 4, 14 Rokin

(26) Wenn du nach (noch mehr) Büchern für dein Bücherregal suchst, solltest du dir am Freitag Zeit freihalten, um an den Ständen der etwa 25 Händler auf dem Büchermarkt **Boekenmarkt op 't Spui** zu stöbern. Du bist kein Bücherwurm? Kein Problem – hier findest du auch (Vintage-)Drucke, Poster, Broschüren und Zeitschriften.

Spui, www.deboekenmarktophetspui.nl, Fr 10.00–18.00 Uhr, Metro 52 Rokin, Tram 2, 12 Spui

(32) **W139** ist ein national und international renommierter Ausstellungsraum und Spielplatz für visuelle Kunst. Mit anderen Worten: ein Ort, an dem Künstler*innen experimentieren können. Neben Ausstellungen finden hier auch regelmäßig Festivals, Konzerte, Tanzaufführungen und andere Aktivitäten statt. Tritt ein und lass dich von den verschiedenen modernen Kunstprojekten in der Galerie im Industriedesign überraschen!

Warmoesstraat 139, www.w139.nl, Tel. 0206229434, tgl. 12.00–18.00 Uhr, Eintritt 3 €, Tram 2, 4, 12, 13, 14, 17 Dam

(36) In der Straße, in der früher der Bierkai war, befindet sich heute die **Brouwerij de Prael**. Wenn du hier an einer Führung teilnimmst, kannst du zum Abschluss mit den „Stars" des niederländischen Schlagers an der Bar abhängen. In der Bar werden auch Menschen ausgebildet, die auf dem freien Arbeitsmarkt nur schwer eine Anstellung finden.

Oudezijds Armsteeg 26, www.deprael.nl, Tel. 0204084469, Bar Mo–Mi 12.00–1.00, Do 12.00–1.00, Fr, Sa 12.00–2.00, So 12.00–0.00 Uhr, Führungen zur vollen Stunde Mo–Fr 13.00–18.00, Sa 13.00–17.00, So 14.00–17.00 Uhr, Führung mit Verkostung 17,50 €, Metro 51, 53, 53, 54 Centraal Station, Tram 2, 4, 12, 13, 14, 17, 26 Centraal Station

(39) Der perfekte Abschluss deines Ausflugs nach Amsterdam ist ein Besuch der Karaokebar **Casablanca**. Bereits seit 1946 wird hier zu den Klängen von Jazzgrößen wie Kid Dynamite und Teddy Cotton getanzt und gesungen. Immer noch treten hier jede Woche Solokünstler und Bigbands auf. Ab 20.00 Uhr gehört die Bühne dir und du kannst dein Gesangstalent zur Schau stellen. Spaß ist dabei garantiert!

Zeedijk 26e, cafecasablanca.nl, Tel. 0202991560, Do 20.00–3.00, Fr, Sa 20.00–4.00 Uhr, Metro 51, 52, 53, 54 Centraal Station, Tram 2, 4, 12, 13, 14, 17, 26 Centraal Station

ROUTE 2

JORDAAN-VIERTEL & NEGEN STRAATJES

INFOS ZUR ROUTE

Dieser Spaziergang führt dich vorbei an historischen Geschäftsgebäuden und Grachtenhäusern. Du läufst durch die gemütliche Haarlemmerstraat und über das schöne, ruhige Prinseneiland zum lebhaften Jordaan-Viertel mit seinen zahlreichen Cafés. Die Negen Straatjes (die Neun Straßen) sind ein Muss für alle, die gern einkaufen. Aber auch wenn du kein Shopping-Fan bist, lohnt sich diese Route. Dieser Stadtteil gehört zu den schönsten Orten Amsterdams, mit wunderbaren Blicken auf Brücken und Grachten.

DAS VIERTEL

De Jordaan wird auch als das gemütlichste Viertel von Amsterdam bezeichnet. Früher war es ein reines Arbeiterviertel, aber in den letzten zehn Jahren hat sich das Bild stark verändert. Jeder mit ein bisschen Geld versucht, hier eine der begehrten Immobilien zu ergattern.

Man könnte fast vergessen, dass dieses Viertel früher weit vom Reichtum der Grachten entfernt war. De Jordaan wurde 1612 als Viertel für Arbeiter und Gastarbeiter angelegt. Viele der Gebäude verfielen im 19. Jahrhundert und erst in den 1970er-Jahren begann die Stadt mit einer umfassenden Renovierung. Seitdem hat sich das Viertel zu einem noblen Stadtteil entwickelt.

Manchmal scheint es, als sei die besondere Atmosphäre von früher, mit Volkssängern, alteingesessenen Kneipen und derben Witzen im Amsterdamer-Platt für immer verschwunden. In den Gebäuden, in denen früher Handwerksfirmen ihren Sitz hatten, befinden sich heute moderne Geschäfte und Wohnungen. Aber die gute alte Zeit ist noch lange nicht vergessen, etwa auf dem **Johnny Jordaanplein**, wo der holländische Schlager geehrt wird. Für einen Abend mit herzzerreißenden Schnulzen solltest du ins Café Nol in der Westerstraat gehen.

BESCHREIBUNG ROUTE 2 (ca. 8,8 km)

Beginne deinen Spaziergang in der Haarlemmerstraat 1 2 3 4. Mache einen Abstecher nach links in den Herenmarkt zum West-Indisch Huis 5. Kehre dann in die Haarlemmerstraat mit ihren Restaurants und Geschäften zurück 6 7 8. Bieg nach rechts in die Buiten Oranjestraat ab und laufe unter den Gleisen hindurch zum Hendrik Jonkerplein und zur Bickersgracht. Über die erste Brücke erreichst du das Prinseneiland 9. Schlendere über die Insel und überquere die Sloterdijkerbrug. Gehe links die Straße hinunter und wieder unter den Gleisen durch, bis du den Haarlemmerdijk erreichst. Dort biegst du erst links 10, dann zweimal rechts in die Vinkenstraat ab 11. Am Ende der Straße gehst du nach links und erneut links in die Brouwersgracht. Passiere die erste Brücke und spaziere am Wasser entlang bis zum Café Thijssen 12. Über die Lindengracht und die Noorderkerkstraat erreichst du den Noordermarkt 13 14. Nimm die Westerstraat, dann die Eerste Boomdwarsstraat, um an der Boomstraat links abzubiegen. Spaziere dann in die Karthuizersstraat 15 und biege nach links in die Tichelstraat ab 16 17 18. Nachdem du die Egelantiersgracht überquert hast, gelangst du links zur Prinsengracht. Rechts in der Nieuwe Leliestraat gibt es ganz besondere T-Shirts 19. Folge der Straße, wende dich an der zweiten Querstraße nach links und biege dann rechts in die Bloemgracht. Überquere die Atlas Maior Brücke, geh rechts in die Bloemstraat und biege an der nächsten Straße links ab. Laufe geradeaus bis zur Elandsgracht und wende dich nach links 20 21. Folge der Prinsengracht nach rechts, gehe nach rechts in die Oude Looiersstraat und biege an der ersten Straße wieder links ab. Spaziere in der Looiersgracht nach rechts und biege nach links in die Ljinbaansgracht. Überquere die erste Brücke, gehe dann erst nach links und dann wieder rechts in die Nieuwe Passeerdersstraat zum Turnzaal 22. Spaziere anschließend über den Raamplein, folge der Passeerdersgracht 23 und laufe in der Prinsengracht links bis zur ersten Brücke. Auf der anderen Seite der Brücke warten die Negen Straatjes auf dich 24 25 26. Geh geradeaus bis zur Herengracht, über die Brücke und halte dich dann für einen kleinen Likör links 27. Überquere erneut die Herengracht, um in der Wolvenstraat nach Herzenslust zu shoppen oder etwas zu essen 28 29. Gehe rechts die Prinsengracht hinunter und nimm die erste Straße rechts. Hier kannst du noch mal deinen Appetit 30 31 und deine Shoppinglaune 32 33 befriedigen. An der Singel biegst du zweimal links ab. Über die Einkaufsstraße erreichst du den Westermarkt 34 35 36. Schließe deinen Spaziergang mit einem köstlichen Essen ab 37 38.

SEHENSWÜRDIGKEITEN

⑤ In der ehemaligen Zentrale der Westindien-Kompanie, dem **West-Indisch Huis**, fanden früher die Versammlungen der Niederländischen Westindien-Kompanie statt, auf denen mit Gold, Zucker, Kaffee und Sklaven gehandelt wurde. Hier fiel die Entscheidung, eine Festung auf der Insel Manhattan zu errichten, aus der sich später New York entwickeln sollte.

Herenmarkt 99, nicht für die Öffentlichkeit zugänglich, Metro 51, 52, 53, 54 Centraal Station, Tram 2, 4, 12, 13, 14, 17, 26 Centraal Station

⑨ Vielleicht ist dieses Viertel der schönste Teil Amsterdams, wird aber von vielen übersehen. Die Werften und Lagerhäuser, die hier stehen, wurden früher von der Westindien-Kompanie genutzt. Hier wurden Heringe, Getreide, Tabak, Wein, Salz, Sardellen, Katzenfelle, Pech und Teer gelagert. Ab der ersten Hälfte des 20. Jahrhunderts verfiel das Viertel zunehmend. Bis zum Ende des Zweiten Weltkriegs war dieser Teil der Stadt nahezu unbewohnt, bis Künstler das **Prinseneiland** wiederentdeckten. Die ältesten Häuser aus dem 17. Jahrhundert haben die Hausnummern 269 und 517.

Prinseneiland, Bus 18, 21, 22 Oranjestraat

⑪ Es gibt sie noch, die ursprünglichen Bewohner des Jordaan-Viertels. Einige von ihnen wohnen in diesem Pflegeheim, in dem auch eine Ausstellung über die Kultur des Jordaan zu sehen ist. Im **Jordaanmuseum** erfährst du viel über die Aufstände, das Leben auf der Straße, die Theater und Künstler. Versuche, mit einem der Bewohner ins Gespräch zu kommen, und erfahre noch mehr über „die gute alte Zeit".

Vinkenstraat 185, www.jordaanmuseum.nl, Tel. 0206244695, tgl. 10.00–16.00 Uhr, Eintritt frei, Bus 18, 21, 22 Oranjestraat, Tram 5 Eerste Marnixdwarsstraat

㉑ Die Stars unter den niederländischen Musikern findest du auf dem **Johnny Jordaanplein**, der eigentlich ein Teil der Elandsgracht ist. Fünf Bronzen erinnern an Johnny Jordaan, Tante Leen, Manke Neilis, Jan und Mien Froger sowie Johnny Meyer. Es geht das Gerücht um, dass hier bald auch eine Statue von Willy Alberti, einem Cousin von Johnny Jordan, errichtet werden soll.

Elandsgracht, Tram 5, 7, 17, 19 Elandsgracht, 13, 17 Westermarkt

35

36

㉒ Der **Turnzaal** wurde 1887 im neoholländischen Renaissancestiel errichtet. Ab 1862 war Gymnastik ein Pflichtfach an den Grundschulen Amsterdams. Neben einer großen Turnhalle und einem Nebengebäude gibt es auch Häuser für den Hausmeister und den Geschäftsführer. Im Buch *Ein Junge wie Kees* (1923) beschreibt Theo Thijssen die Turnhalle als eine „riesige Halle mit hundert Reckstangen".
Nieuwe Passeerdersstraat 1, nicht für die Öffentlichkeit zugänglich, Tram 5, 7, 17, 19 Elandsgracht

㉓ Lange Zeit, bevor es Leiharbeitsfirmen und Sozialversicherung gab, war dies der Ort für alle, die Arbeit suchten. Die **Arbeidsbeurs** wurde 1887 gegründet und hat sich im Jahr 1918 in diesem speziell hierzu entworfenen Gebäude im Stil der Amsterdamer Schule niedergelassen. Männer betraten das Gebäude auf der linken, Frauen an der rechten Seite.
Passeerdersgracht 30, nicht für die Öffentlichkeit zugänglich, 5, 7, 17, 19 Elandsgracht

㉞ Es wird geschätzt, dass 10000 Homosexuelle in den Konzentrationslagern umgebracht wurden. Dort mussten sie ein rosafarbenes Dreieck tragen. Genau

dieses Zeichen sollte später zum Symbol der Schwulenbewegung werden. Die drei rosafarbenen Dreiecke des **Homomonuments** symbolisieren die Vergangenheit, die Gegenwart und die Zukunft. Das Dreieck im Wasser zeigt zum *Nationalmonument* auf dem Dam (Gegenwart), das in den Boden eingelassene Dreieck zum Anne Frank Huis (Vergangenheit) und das etwa 60 Zentimeter hohe Dreieckspodest weist auf den Sitz der Schwulenorganisation COC (Zukunft).
Westermarkt, www.homomonument.nl, Tram 13, 17 Westermarkt

㉟ Der 85 Meter hohe Turm der **Westerkerk**, der höchste Turm Amsterdams, ist das Wahrzeichen von Jordaan. Am 10. März 1966 wurden in dieser Kirche aus dem 17. Jahrhundert Prinzessin Beatrix und Prinz Claus getraut. Auch heute finden hier noch wöchentlich Gottesdienste statt.
Prinsengracht 281, www.westerkerk.nl, Tel. 0206247766, Mo–Fr 10.00–15.00, Sa 11.00–15.00 Uhr, Eintritt frei, Tram 13, 17 Westermarkt

㊱ Im weltbekannten **Anne Frank Huis** erfährt man, wie sich die Familie Frank vor den Nationalsozialisten versteckt hielt. Natürlich ist hier das originale Tagebuch ausgestellt, zudem siehst du den schwenkbaren Bücherschrank, hinter dem eine Treppe nach oben ins Hinterhaus führt.
Prinsengracht 263–267, www.annefrank.org, Tel. 0205567105, variierende Öffnungszeiten, siehe Webseite, Eintritt 12,50 €, Tram 13, 17 Westermarkt

ESSEN & TRINKEN

④ Unter der Woche wirst du schon frühmorgens in diesem Wohnzimmer mit dänischen Designstühlen und holländischen Designerlampen begrüßt. Bei **Vinnies** kommen fast nur Bio-, Fairtrade- und umweltfreundliche Produkte zum Einsatz. In der Küche werden nur saisonale Gemüsesorten verarbeitet.
Haarlemmerstraat 46, www.vinnieshomepage.com, Tel. 0207713086, Mo–Fr 7.30–15.00, Sa 9.00–15.00, So 9.30–15.00 Uhr, Lunch 11,50 €, Metro 51, 52, 53, 54 Centraal Station, Tram 2, 4, 12, 13, 14, 17, 26 Centraal Station

⑥ Die Gerichte im geräumigen **Café Nieuw Amsterdam** werden nach Möglichkeit aus lokalen Zutaten hergestellt. Vom Frühstück bis zum späten Abend

kannst du dich auf einer alten Straßenbahnbank oder anderen Vintage-Möbeln niederlassen. Zum Mittag- und Abendessen gibt es auf der Speisekarte eine schöne Mischung aus Klassikern und modernen Gerichten.
Haarlemmerstraat 75, cafenieuwamsterdam.nl, Tel. 0205309848, So–Do 10.00–1.00, Fr, Sa 10.00–3.00 Uhr, Preis 18,50 €, Sandwich 9,50 €, Bus 18, 21, 22 Buiten Brouwerstraat

⑦ Im **Petit Gâteau** ist jede Tartelette ein kleines Kunstwerk. Die Törtchen sehen nicht nur umwerfend aus, sondern schmecken auch fantastisch. Hier fühlt man sich, als wäre man in Paris. Das Schöne ist, dass alles in der großen offenen Backstube hergestellt wird. Man kann also zuschauen, wie die Köstlichkeiten zubereitet werden. Aber Vorsicht: Es passiert schnell, dass man zu viel bestellt.
Haarlemmerstraat 80, petitgateau.nl, Tel. 0207371585, tgl. 10.00–18.00 Uhr, Tartelette 4 €, Bus 18, 21, 22 Buiten Brouwerstraat

⑫ Jordaan *meets* Studentenleben, so lässt sich das **Café Thijssen** am besten beschreiben. In dieser Kneipe fühlt man sich sofort heimisch. Was muss hier erst abends oder während des Markts am Samstag los sein? Unter der Woche ist das Café ein schöner Ort, um Zeitung zu lesen oder für einen Plausch an der Bar. Im Sommer zählt die Terrasse zu den schönsten des ganzen Viertels. Die Sandwiches mit Amsterdamer Ochsenwurst sind unbedingt zu empfehlen!
Brouwersgracht 107, cafethijssen.nl, Tel. 0206238994, Mo–Do 8.00–1.00, Fr 8.00–3.00, Sa 7.30–3.00, So 8.00–0.00 Uhr, Sandwich 8 €, Bus 18, 21, 22 Buiten Oranjestraat

⑭ **Winkel 43** ist ein beliebter Ort für einen Snack und ein Getränk. Vor allem der Apfelkuchen ist ein Traum – viele sagen, er sei der beste in Amsterdam, aber überzeug dich selbst! Im Sommer ist es schwierig, hier einen freien Platz zu ergattern. Der ideale Ort, um samstags oder montags nach einem Besuch auf dem Noordermarkt zur Ruhe zu kommen.
Noordermarkt 43, www.winkel43.nl, Tel. 0206230223, Mo 7.00–1.00, Di–Do 8.00–1.00, Fr 8.00–3.00, Sa 7.00–3.00, So 10.00–1.00 Uhr, Apfelkuchen mit Sahne und Kaffee 5,80 €, Tram 5 Marnixplein

⑯ Das **Café de Tuin** ist ein schnörkelloses Café, wie man es im Jordaan-Viertel erwartet: viele Prints an der Wand und zahlreiche unterschiedliche Exponate,

14
Lunch <3

4

NOORDERMARKT
14
Winkel

ein gemütliches Durcheinander eben. Wenn du bei schönem Wetter einen Platz in der ersten Reihe ergattern kannst, wirst du diese gemütliche kleine Straße nicht mehr verlassen wollen.

Tweede Tuindwarsstraat 13, www.cafedetuin.nl, Tel. 0206244559, Mo–Do 10.00–1.00, Fr, Sa 10.00–3.00, So 11.00–1.00 Uhr, Preis 8 €, Tram 5 Marnixplein

⑰ Wer schon einmal im Norden Spaniens war, weiß, was *pintxos* sind: Sandwiches mit vielen verschiedenen Belägen. Das und noch vieles mehr gibt es im **La Oliva**. Die Kombination aus guten spanischen Weinen und der unglaublich freundlichen Bedienung schafft den perfekten Rahmen für einen spanischen Abend im Herzen von Jordaan.

Egelantiersstraat 122–124, laoliva.nl, Tel. 0203204316, So–Mi 12.30–22.00, Do–Sa 12.30–23.00 Uhr, Preis 12 €, Tram 5 Marnixplein, 13, 17 Westermarkt

⑳ Im Restaurant **Palladio** gibt es weder Weinflaschen an der Decke noch rustikale Wandmalereien. Stattdessen erwarten dich hier frische Blumen, Kronleuchter und eine schöne Terrasse. Auch die Speisekarte unterscheidet sich von dem, was man sonst vom Italiener gewohnt ist: keine Pizza, sondern hausgemachte Pasta und frisches Gemüse, Fisch und Fleisch.

Elandsgracht 64, www.restaurantpalladio.nl, Tel. 0206277442, Di–So 18.00–22.30 Uhr, Preis 14,50 €, Tram 13, 17 Westermarkt, 2, 12 Spui

㉙ Dieses Bistro befindet sich im Souterrain eines typischen Amsterdamer Gebäudes. Im **Sous** gibt es viele verschiedene köstliche italienische Gerichte wie Pizzas, Pasta, *puccia* (italienische Sandwiches) und andere Leckereien.

Wolvenstraat 16, www.sousamsterdam.nl, So–Do 11.00–1.00, Fr, Sa 11.00–3.00 Uhr, Preis 14 €, Tram 2, 12 Spui

㉚ Bei **Pluk** gibt es Säfte, Salate und Sandwiches sowie leckere Kuchen und Torten – alles auch zum Mitnehmen. In der oberen Etage des schönen, hellen Bistros kann man gemütlich zu Mittag essen. Neben den leckeren Speisen und Getränken wirst du hier sicherlich auch fündig, wenn du auf der Suche nach einem originellen Geschenk bist. Kochbücher, Vasen, Tassen und Geschirrtücher sind nur eine Auswahl des großen Sortiments.

Reestraat 10, www.plukamsterdam.com, Tel. 0203635977, Mo–Sa 9.00–18.00, So 10.00–18.00 Uhr, Preis 10 €, Tram 13, 17 Westermarkt

㉛ Mit Lokalen wie dem **Ree7** ist das Gastropub mit seiner hochwertigen Speisekarte auch in Amsterdam auf dem Vormarsch. Eine Besonderheit: *all day breakfast*, unter anderem mit Pancakes und *eggs benedict*. Mittags werden hier leckere Suppen serviert.

Reestraat 7, www.ree7.nl, Tel. 0203307639, tgl. 9.00–18.00 Uhr, Preis Frühstück 13,50 €, Lunch 13 €, Tram 13, 17 Westermarkt

㊲ Der Name des Restaurants **De Luwte** (Der Windschatten) ist kein Zufall. Diese geschützte Ecke an den idyllischen Grachten des Jordaan-Viertels ist ein traumhafter Ort zum Entspannen. Auf der Karte stehen internationale Gerichte mit einem besonderen Fokus auf die mediterrane Küche. Hast du noch keinen Hunger? Dann trink ein Glas Rotwein am Kamin oder verweile mit einem Cocktail und genieße den Blick auf die Gracht.

Leliegracht 26–28, FB brasseriedeluwte, Tel. 0206258548, tgl. 18.00–22.00 Uhr, Preis 20 €, Tram 13, 17 Westermarkt

(39) Allein die romantische Art-déco-/Art-nouveau-Einrichtung des Restaurants **De Belhamel** ist ein Grund für einen Besuch, aber auch die Karte lässt keine Wünsche offen. Darauf findest du zum Beispiel gebratene Gnocchi mit Waldpilzen und frittierten Schwarzwurzeln. Die Terrasse liegt an einem der schönsten Orte Amsterdams: direkt am Treffpunkt der Herengracht und Brouwersgracht.
Brouwersgracht 60, www.belhamel.nl, Tel. 0206221095, So–Do 12.00–16.00 und 17.30–22.00, Fr, Sa 12.00–16.00 und 17.30–22.30 Uhr, Preis 25 €, Lunch 17 €, Metro 51, 52, 53, 54 Centraal Station, Tram 2, 4, 12, 13, 14, 17, 26 Centraal Station

SHOPPEN

(1) **&klevering Centraal** ist der perfekte Ort für Geschenke und Wohnaccessoires. Hier gibt es viele schöne Dinge für deine Küche und dein Wohnzimmer, Kochbücher und Reiseführer sowie eine Kinderecke mit Büchern, Spielen und Puzzles. &klevering hat auch ein eigenes Label, unter dem Kerzen, Vasen und andere Wohnaccessoires angeboten werden.
Haarlemmerstraat 8, www.klevering.nl, Tel. 0204222708, Mo–Sa 11.00–18.00 Uhr, Metro 51, 52, 53, 54 Centraal Station, Tram 2, 4, 12, 13, 14, 17, 26 Centraal Station

(2) Das bunte Geschäft **It's a Present!** ist voll mit nützlichen und witzigen Dingen. Hier findest du schöne Must-haves und stilvolle Geschenke für die Küche oder das Schlafzimmer, für die Wand, deinen Küchenschrank oder die Fensterbank wie Vasen in Form eines U-Boots oder eine Giraffe als Nachttischlampe.
Haarlemmerstraat 25, www.itsapresent.nl, Tel. 0204221795, Mo 11.00–18.00, Di–Sa 10.00–18.00, So 12.00–18.00 Uhr, Metro 51, 52, 53, 54 Centraal Station, Tram 2, 4, 12, 13, 14, 17, 26 Centraal Station

(3) **The Gift Lab** ist ein Geschäft mit vielen spannenden Dingen. Wenn du nach etwas für dein Zuhause, einem schönen Kleidungsstück oder Deko suchst: Hier erwartet dich eine große Auswahl an nachhaltigen Marken. Außerdem findest du in diesem schönen Geschäft an der Haarlemmerstraat tolle Babygeschenke.
Haarlemmerstraat 38, www.giftlab.nl, Tel. 0203627737, Mo 11.00–18.00, Di–Sa 10.00–18.00, So 12.00–17.00 Uhr, Metro 51, 52, 53, 54 Centraal Station, Tram 2, 4, 12, 13, 14, 17, 26 Centraal Station

8
Nº6
Voor de zon en het licht
de regen in mijn gezicht
de wind in mijn haren
mensen die naar mij staren
ik met plezier mijn hoedje af
Sukha

3
38
the gift lab
OPEN
the gift lab
STARTER

8

⑧ **Sukha** heißt „Lebensfreude“ auf Sanskrit und genau dieses Gefühl möchten die Inhaber dieses *eco-friendly*-Geschäfts vermitteln. Die vielen kleinen von Hand geschriebenen Texte zaubern allen Besuchern ein Lächeln ins Gesicht. Der rote Faden des Geschäfts ist Liebe und Aufmerksamkeit, von besonderen (Wohn-)Accessoires bis zu nachhaltiger Kleidung und Büchern. Sukha hat auch ein eigenes Label mit Produkten aus Indien, Nepal, Peru und Indonesien.
Haarlemmerstraat 110, www.sukha-amsterdam.nl, Mo–Sa 11.00–18.30, So 12.00–17.00 Uhr, Tram 18, 21 Buiten Brouwerstraat

⑱ Süße und salzige Lakritze, Schokolade und eine große Auswahl an Bonbons. Bei **Het Oud-Hollandsch Snoepwinkeltje** kauft man noch Süßigkeiten ein wie zu Großmutters Zeiten: einzeln und in eine Papiertüte eingewickelt.
Tweede Egelantierdwarsstraat 2, www.snoepwinkeltje.com, Tel. 0204207390, Di–Sa 11.00–18.30 Uhr, Tram 5 Marnixplein

⑲ Die Prints auf den T-Shirts und Pullovern von **Universe on a T-shirt** sind schön, manchmal lustig, aber vor allem originell und einzigartig. Sie werden nämlich in ihrem eigenen Atelier entworfen. Die Kleidung sitzt superbequem, denn alle Kleidungsstücke sind aus Bio-Baumwolle und garantiert *sweatshop free*. Inspiration gefällig? Hier bekommst du auch deine eigene DIY-T-Shirt-Box, um (alten) T-Shirts ein neues Leben zu schenken. Bekommst du nicht genug? In der Bloemstraat gibt es noch eine Niederlassung.
Nieuwe Leliestraat 6, www.universeonatshirt.com, tgl. 11.00–18.00 Uhr, Tram 13, 17 Westermarkt

㉔ Hier gibt es keine langweiligen Käsesorten für Touristen! Bei **De Kaaskamer van Amsterdam** erhältst du in Calvados eingelegten, in Weinblättern eingewickelten Käse oder „einfach nur“ einen alten Bröckelkase. Das Geschäft bietet nicht nur eine unglaubliche Auswahl an niederländischen Käsesorten, sondern auch Käse aus eher unbekannten französischen Bergregionen und von kleinen italienischen Inseln. Mit Nüssen und leckerer Wurst machst du deinen Picknickkorb komplett.
Runstraat 7, www.kaaskamer.nl, Tel. 0206233483, Mo 12.00–18.00, Di–Fr 9.00–18.00, Sa 9.00–17.00, So 12.00–17.00 Uhr, Tram 2, 12 Spui

㉕ Der Duft und das Ambiente der märchenhaften **Chocolaterie Pompadour** lassen einem das Wasser im Mund zusammenlaufen und wollen dem Besucher noch etwas mit auf den Weg geben: dass Geschmack etwas Überwältigendes ist. Alles wird von Hand hergestellt. Achte auch auf die Vertäfelung: Sie wurde 1795 für das Rathaus von Mortsel (Belgien) angefertigt und hat nun im Pompadour ein zweites Leben erhalten.
Huidenstraat 12, pompadour.amsterdam, Tel. 0206239554, Mo–Fr 10.00–18.00, Sa 9.00–18.00, So 12.00–18.00 Uhr, Gebäck 3,80 €, vor Ort 5,25 €, Tram 2, 12, Spui

㉖ Bei **We Are Labels** werden schöne Dinge von kleinen, exklusiven Marken verkauft. Das Team reist dafür durch ganz Europa. Hier findest du eine Auswahl von etwa 30 Marken wie Eleven Paris, Nümph, Mina UK und Accessoires von Club Manhattan. In der Eerste Jacob van Campenstraat 14 gibt es ein Outlet.
Herengracht 356, www.wearelabels.com, Tel. 0204278840, Mo 12.00–18.30, Di–Fr 10.00–18.30, Sa 10.00–18.00, So 12.00–18.00 Uhr, Tram 2, 12 Spui

㉘ Vintage-Liebhaber sollten an diesem Geschäft auf keinen Fall vorbeigehen. **Laura Dols** hat sich auf Kleidung und Accessoires aus den 1950er-Jahren spezialisiert. Lass dich von origineller Vintage-Kleidung, einzigartigen Party- und Hochzeitskleidern, extravaganten Hüten, Schuhen und Taschen verzaubern. Sitzt das Kleid nicht perfekt? Die Schneiderin von Laura Dols schneidert es gern für dich um.
Wolvenstraat 76, lauradols.nl, Tel. 0206249066, Mo–Mi, Sa 11.00–18.00, Do, Fr 11.00–19.00, So 12.00–18.00 Uhr, Tram 2, 12 Spui

㉜ Wenn man an Mexiko denkt, kommen einem sofort Leidenschaft und leuchtend bunte Farben in den Sinn. Genau das ist es auch, was **MeCHICas**, neben der Inhaberin Debbie, ausmacht. Der Schmuck wird aus natürlichen Materialien wie Muscheln, Fruchtkernen und Edelsteinen handgefertigt. Neben ihrer eigenen Kollektion findest du hier auch Silberschmuck von verschiedenen mexikanischen Designern, handbemalte mexikanische Keramik und Taschen.
Gasthuismolensteeg 11, www.mechicas.com, Tel. 0204203092, Mo–Sa 11.00–18.00, So 12.00–18.00 Uhr, Tram 2, 4, 12, 13, 14, 17 Dam

㉝ Dieser gut sortierte Plattenladen ist eine beliebte Anlaufstelle für viele international bekannte DJs – und davon gibt es in den Niederlanden einige. Die

ROUTE 3

OUD-WEST & VONDELPARK

INFOS ZUR ROUTE

Diese Tour eignet sich besonders für Kulturliebhaber. Ein Highlight auf diesem Spaziergang ist natürlich der Museumsplein. Außerdem kannst du unterwegs interessante, alte und moderne Architektur entdecken. Und in den vielen Cafés und Restaurants, die entlang der Route am Overtoom und in den neuen Hallen liegen, kommen auch Feinschmecker ganz auf ihre Kosten. Diese lange Route kannst du auch gut mit dem Fahrrad erkunden.

DAS VIERTEL

Wenn sich die High Society von Amsterdam irgendwo in der Stadt trifft, dann hier. Und wenn man sich umschaut, weiß man auch warum: Das Viertel mit dem **Vondelpark**, der **P.C. Hooftstraat** um die Ecke, den vielen prächtigen Herrenhäusern, Stadtvillen und bezaubernden Cafés ist einfach zu schön, um wahr zu sein.

Auch das **Museumskwartier** grenzt direkt an den Vondelpark; hier findest du die meisten der wichtigsten kulturellen Sehenswürdigkeiten Amsterdams. Unter anderem das **Concertgebouw**, aber auch die drei größten Museen der Stadt: das **Rijksmuseum**, das **Stedelijk Museum** und das **Van Gogh Museum**. In den letzten Jahren haben alle Museen eine umfangreiche Verjüngungskur erhalten. Vor allem das Rijksmuseum wurde grundlegend renoviert, die Arbeiten dauerten fast zehn Jahre. 2013 wurde das Museum wiederöffnet – schöner und strahlender als je zuvor. Auch der Museumsplein wurde neu gestaltet. Über einen Radweg, der unter dem Rijksmuseum hindurchführt, ist man im Nu wieder in der Innenstadt.

Die vielen netten Nachbarschaftscafés und Geschäfte sind charakteristisch für **Oud-West**, das sich in den letzten Jahren zu einem sehr beliebten Viertel für junge Menschen entwickelt hat. Auf dem Overtoom begegnet man vielen Studierenden und anderen jungen Leuten, die sich hier einen günstigen Snack besorgen.

⑬ Die ursprüngliche Atmosphäre des Jordaan-Viertels kannst du heute noch auf den Märkten erleben. Jeden Montag findet auf dem **Noordermarkt** ein Flohmarkt statt, der Schnäppchenjäger aus nah und fern anlockt. Zwischen den Bergen von Kleidern und Schuhen findest du garantiert ein Schmuckstück zu einem guten Preis, aber auch bei Haushaltswaren gibt es eine große Auswahl. Jeden Samstag findet hier ein Bio-Bauernmarkt statt.

Noordermarkt, www.noordermarkt-amsterdam.nl, Flohmarkt Mo 9.00–13.00, Bauernmarkt Sa 9.00–16.00 Uhr, Tram 5 Marnixplein

⑮ Das Jordaan-Viertel ist berühmt für seine vielen kleinen Höfe. Allerdings muss man wissen, wo man sie findet, denn die meisten von ihnen liegen versteckt hinter einer unauffälligen Tür oder einem Tor. Wer durch eine dieser Türen schaut, betritt eine vollkommen andere Welt und findet eine grüne Oase mitten in der Stadt. Der **Karthuizerhofje** (aus dem Jahr 1650) wurde als Zuflucht für arme Witwen gebaut. Heute werden die Häuser durch eine Wohnungsbaugesellschaft an wahrscheinlich sehr glückliche Privatpersonen vermietet.

Karthuizersstraat 89–171, Tram 5 Marnixplein

㉗ Im ehemaligen Kutschenhaus des **Proeflokaal A. van Wees** fühlt man sich sofort ins Goldene Zeitalter zurückversetzt. Hier kannst du 60 verschiedene Liköre und 16 Sorten Genever (Wacholderbranntwein) probieren, die alle nach alten Handwerkstraditionen und Originalrezepten hergestellt werden. Und wenn du zur Toilette gehst, schau dich gut um: Sie befindet sich in einem Eichenfass mit einem Volumen von 10 000 Litern.

Herengracht 319, www.proeflokaalvanwees.nl, Tel. 0206254334, So–Mi 11.00–0.00, Do 11.00–1.00, Fr, Sa 11.00–2.00 Uhr, Verkostung ab 15 € Tram 2, 12 Spui

13

Eigentümer von **Waxwell Records** haben ungefähr 60 000 Platten zusammengetragen, darunter auch einige Raritäten. Dabei haben sie sich auf Soul und Funk spezialisiert, du findest hier aber auch *Old School Rap* und andere Genres. Suchst du nach etwas Speziellem? Die Mitarbeiter helfen dir gern bei der Suche.
Gasthuismolensteeg 8, www.waxwell.com, Tel. 0206271600, Mo–Sa 12.00–19.00, So 12.00–18.00 Uhr, Tram 2, 4, 12, 13, 14, 17 Dam

FREIZEITTIPPS

⑩ Nicht das Tuschinski, sondern **The Movies** ist das älteste Kino von Amsterdam. Beeindruckend ist auch die prächtige Art-déco-Ausstattung des stilvollen Filmtheaters aus dem Jahr 1912. Ein weiterer Pluspunkt sind die gemütlichen Kinosessel. Hier werden auch kleinere Arthouse-Filme gezeigt.
Haarlemmerdijk 161–163, www.themovies.nl, Tel. 0206386016, Öffnungszeiten abhängig vom Programm (siehe Webseite), Eintritt 11,50 €, Tram 5 Eerste Marnixdwarsstraat, Bus 18, 21, 22 Haarlemmerplein

BESCHREIBUNG ROUTE 3 (ca. 11,3 km)

Vom Rijksmuseum 1 erreichst du über Museumbrug und Spiegelgracht die Lijnbaansgracht, dort geht es nach links am Wasser entlang. Am Ende der Gracht biegst du nach rechts in die Leidsekruisstraat und sofort wieder links ab. Folge der Korte Leidsedwarsstraat bis zum Leidseplein 2, überquere die Leidsebrug und folge der Vondelstraat. Nimm die erste Straße auf der linken Seite, danach die erste Straße auf der rechten Seite und gehe an den Zevenlandenhuizen 3 vorbei. Laufe durch den Vondelpark 4 5 6, verlasse ihn am Ausgang zur Vondelstraat 7 und gehe rechts um die Kirche 8 herum in Richtung Overtoom. Folge der Tweede Constantijn Huygensstraat. Biege erst rechts und dann links in die Eerste Constantijn Huygensstraat ab 9 10 11. Besuche Baksels für ein Stück Torte 12 oder wende dich direkt nach links 13. Biege an dem Bilderdijkkade rechts ab, in der Straße zu deiner Linken liegt die Hannie Dankbaarpassage 14 15. Folge der Tollenstraat bis zum Bellamyplein 16, umrunde den Platz und laufe über die Jan Hanzenstraat und Kwakerstraat weiter bis zum Da Costakade 17. Dieser folgst du nach links, bis du zur De Clercqstraat gelangst. Überquere die Straße, dann erreichst du über die Bilderdijkstraat den Bilderdijkpark 18. Kehre über den Bilderdijkkade zur De Clercqstraat 19 20 21 22 zurück. Am Wasser biegst du nach links in den Tweede Kostverlorenkade. Durch den Park und über die Korte Schimmelstraat gelangst du rechts auf die Jan Hanzenstraat. Biege an der ersten Straße links und an der Bellamystraat rechts ab 23 24. Gehe dann in die Van Effenstraat, am Ende der Straße nach rechts, wieder nach links und folge der Jan Pieter Heijestraat 25. Überquere das Wasser 26, folge der Gracht nach links und biege rechts in die Nicolaas Beetsstraat ab. Mache einen Abstecher in die Arie Biemondstraat und die Anna Spenglerstraat 27 28. Über die Ite Boeremastraat und die Nicolaas Beetsstraat gelangst du zur Kanaalstraat 29. Nimm die Jan Pieter Heijestraat 30 nach links, folge rechts der Eersten Helmersstraat über den Staringplein 31 bis zur Rhijnvis Feithstraat 32. Hier biegst du links ab und gelangst rechts über Overtoom und links über die Frederiksstraat wieder in den Vondelpark. Halte dich am Ausgang Van Eeghenstraat rechts. Laufe links in die Cornelis Schuytstraat 33 und erneut links in die Valeriusstraat. Links über die Banstraat gelangst du nach rechts in die Van Breestraat. An deren Ende biegst du links ab. Gehe rechts in die Van Eeghenstraat, folge dann der belebten Van Baerlestraat nach links und biege rechts in die P.C. Hooftstraat 34. Schließe den Tag mit einem Besuch im Museum 35 36 oder mit Musik ab 37.

SEHENSWÜRDIGKEITEN

① In den prächtigen Sälen des **Rijksmuseums** lassen 8000 Objekte über 800 Jahre niederländischer Kunst und Geschichte wieder aufleben. Höhepunkte sind unter anderem *Dienstmagd mit Milchkrug* von Vermeer, *Der bedrohte Schwan* von Jan Asselijn sowie die Operation Nachtwache – die größte jemals durchgeführte Untersuchung des Gemäldes *Nachtwache*. Nach deinem Besuch im Museum wartet der traumhaft schöne Museumsgarten.
Museumstraat 1, www.rijksmuseum.nl, Tel. 0206747000, tgl. 9.00–17.00 Uhr, Eintritt 20 €, Metro 52 Vijzelgracht, Tram 2, 5, 12 Rijksmuseum, 1, 7, 19 Spiegelgracht

② Das **Internationaal Theater Amsterdam** in der **Stadsschouwburg** zeigt täglich Theater der Spitzenklasse. Die besten Plätze sind auf dem Balkon im klassischen Großen Saal. Der Rabozaal ist moderner gestaltet.
Leidseplein 26, ita.nl, Tel. 0206242311, Öffnungszeiten abhängig vom Programm, siehe Webseite für Programm und Preise, Tram 2, 12 Leidseplein

③ In dieser Straße mit den **Zevenlandenhuizen** gehst du auf eine Reise durch Europa. Sam van Eeghen hat vor 120 Jahren sieben Häuser in jeweils einem anderen europäischen Stil bauen lassen: Hier begegnest du Deutschland (Romantik), Frankreich (Stil eines Loire-Schlosses), Spanien (inspiriert von der maurischen Architektur), Italien (erinnert an einen *palazzo*), Russland (Zwiebelturm), den Niederlanden (nördliche Renaissance) und England (Tudor-Cottage-Stil).
Roemer Visscherstraat 20–30, nicht für die Öffentlichkeit zugänglich, Tram 1 Eerste Constantijn Huygensstraat, 3 Overtoom

⑦ Pierre Cuypers, einer der größten Architekten Amsterdams, hat 1877 am Vondelpark sein Traumhaus gebaut: die **Villa Nieuw Leyerhoven**, direkt gegenüber dem von ihm entworfenen und geliebten Vondelpark, mit neogotischen Elementen und Merkmalen der Neorenaissance. Eine Besonderheit ist die Fliesentafel, auf der drei Männer mit dem Text abgebildet sind: „Jan plant es, Piet vollbringt es, Claesgen lacht es aus. Oh, was soll's." Mit Jan ist der Architekt gemeint, mit Piet der Baumeister und mit Claesgen die Gemeinde, die nach Auffassung von Cuypers versucht hat, ihn beim Bau zu behindern.
Vondelstraat 75, Tram 1 Eerste Constantijn Huygensstraat, 3 Overtoom

36

2

1

⑧ Die **Vondelkerk** ist ein attraktives neogotisches Bauwerk am Vondelpark. Die Kirche wurde 1872 nach einem Entwurf von Pierre Cuypers gebaut, der auch den Amsterdamer Hauptbahnhof und das Rijksmuseum entworfen hat. An den Wochenenden kann der Hauptsaal der Kirche als besonderer Veranstaltungsort für Feste und andere Zusammenkünfte gemietet werden.
Vondelstraat 120d, stadsherstel.nl/eventlocatie/vondelkerk, geöffnet am ersten Mi des Monats 12.00–16.00, dritten So des Monats 13.00–16.00 Uhr, Eintritt frei, Tram 1 Eerste Constantijn Huygensstraat, 3 Overtoom

㉟ An keinem anderen Ort auf der Welt gibt es so viele Werke des Künstlers Vincent van Gogh zu sehen wie im **Van Gogh Museum**: über 200 Gemälde, darunter seine berühmten *Kartoffelesser*, 500 Zeichnungen, 700 Briefe und eine Sammlung japanischer Drucke. Neben den Werken van Goghs gibt es auch eine Sammlung (post)impressionistischer Kunst aus dem 19. Jahrhundert.
Museumplein 6, www.vangoghmuseum.nl, Tel. 0205705200, tgl. ab 9.00 Uhr, siehe Webseite für aktuelle Zeiten, Eintritt 19 €, Tram 2, 5, 12 Van Baerlestraat, 3, 5, 12 Museumplein

㊱ Das **Stedelijk Museum** zeichnet sich durch seine besondere Form aus und wird im Volksmund „Badewanne" genannt. Im alten Gebäude sind die Highlights der großen Sammlung zeitgenössischer Kunst zu sehen, im neuen Teil werden wechselnde Ausstellungen gezeigt. Mit seinen Ausstellungen und seiner Sammlung möchte das Museum zu einem neuen Blick auf die Gegenwart einladen, sowohl auf individueller als auch auf gesellschaftlicher Ebene.
Museumplein 10, www.stedelijk.nl, Tel. 0205732911, tgl. 10.00–18.00 Uhr, Eintritt 18,50 €, Tram 2, 5, 12 Van Baerlestraat, 3, 5, 12 Museumplein

ESSEN & TRINKEN

⑤ Mitten im Vondelpark liegt dieses einzigartige Gebäude aus dem Jahr 1937. **Proeflokaal 't Blauwe Theehuis** ist ein entspannter Ort, um ein Bier der Brouwerij 't IJ zu trinken und eine Pizza *al taglio* zu essen. Tolle Außenterrasse.
Vondelpark 5, www.brouwerijhetij.nl/t-blauwe-theehuis, Tel. 0202357170, So–Do 9.00–21.00, Fr, Sa 9.00–22.00 Uhr, Pizza 15,95 €, Tram 2, 3, 5, 12, Van Baerlestraat

⑥ Die Terrasse von **Vondelpark/3** ist eine der schönsten in Amsterdam. Mit Blick auf den Vondelpark genießt du kleine Köstlichkeiten zum Frühstück, Mittag- oder Abendessen. Auch Tierliebhaber mit ihren Vierbeinern sind hier willkommen. Im Winter kann man sich im beeindruckenden Saal niederlassen, aus dem man einen schönen Blick auf den Park hat. Das prachtvolle Gebäude aus dem 19. Jahrhundert hatte bereits viele verschiedene Funktionen und diente unter anderem als Filmmuseum und im Zweiten Weltkrieg als Residenz für deutsche Offiziere.
Vondelpark, www.vondelpark3.nl, Tel. 0206392589, tgl. 10.00–23.00 Uhr, Frühstück 13,30 €, Sandwich 11,10 €, Tram 1 Eerste Constantijn Huygenstraat, 3 Overtoom

⑨ Natürlich ist der Kaffee, der vor einigen Jahren zum Besten der Niederlande gekürt wurde, schon ein guter Grund für einen Besuch im **De Koffie Salon**, aber vor allem das prachtvolle Art-déco-Gebäude von 1933 ist sehenswert. Beeindruckend sind die bunten Glasfenster und geometrischen Figuren. Die schöne Terrasse lädt zum Verweilen ein, aber auch drinnen ist es sehr gemütlich.
Eerste Constantijn Huygensstraat 82, www.dekoffiesalon.nl, Tel. 0206124079, tgl. 7.00–19.00 Uhr, Kaffee 2,40 €, Tram 1 Eerste Constantijn Huygensstraat, 3 Overtoom

⑪ Bei **Happyhappyjoyjoy** fühlt man sich wie auf einem asiatischen Streetfood-Markt mit brutzelnden Pfannen, köstlichen Düften, Drucken und vielen Farben. Wer lässt sich hier nicht in gute Laune versetzen? Auf der Karte stehen viele kleine asiatische Gerichte und die Idee ist, dass man von allem ein bisschen bestellt und mit seinen Tischnachbarn teilt. Wähle zwischen Dim Sums, Nudeln und Currys. Dazu gibt es natürlich Tee oder ein asiatisches Bier. Wenn du dich nicht entscheiden kannst, bestelle einfach The Happy Menu und lass dich von vielen kleinen Köstlichkeiten überraschen.
Bilderdijkstraat 158, www.happyhappyjoyjoy.asia, Tel. 0203446433, So–Do 17.00–1.00, Fr, Sa 17.00–2.00 Uhr, Dum Sum 8,75 €, The Happy Menu 27,50 €, Tram 3 Kinkerstraat, 7, 17 Bilderdijkstraat

⑫ Léonie hat getan, wovon viele nur träumen: Seit 2013 verdient sie ihr Geld mit Kuchenbacken. Die Torten von **Baksels** sind schlicht, aber himmlisch! To Go oder direkt im Café. Léonies Favorit ist der Raspberry-Cheesecake-Brownie.
Kinkerstraat 51, www.baksels.nl, Tel. 0203892001, Mo–Fr 10.00–18.00, Sa 10.00–17.00 Uhr, Tortenstück 3,50 €, Tram 3 Kinkerstraat, 7, 17 Bilderdijkstraat

⑬ Bei **Lot Sixty One Coffee Roasters** bekommst du den besten Coffee to go. Aber keine Eile: Der freundliche und entspannte Barista macht aus jeder Tasse ein besonderes Kunstwerk und lässt dich gern an der Zubereitung teilhaben. Vor allem montags und dienstags lohnt ein Besuch, denn dann werden hier Kaffeebohnen geröstet und es duftet einfach köstlich.

Kinkerstraat 112, www.lotsixtyonecoffee.com, Tel. 0642613394, Mo–Fr 8.00–18.00, Sa, So 9.00–18.00 Uhr, Kaffee ab 2,40 €, Tram 3 Kinkerstraat, 7, 17 Bilderdijkstraat

⑯ In aller Ruhe aufstehen und dann den Tag mit einem *All Day Breakfast* im Pariser oder New Yorker Stil an dieser Ecke gegenüber von De Hallen beginnen. Das hört sich doch gut an, oder? Im **The Breakfast Club** bist du an der richtigen Adresse, wenn du Pancakes mit frischem Obst, *overnight oats* oder nach deinen Wünschen zubereitete Eier mit Lachs, Avocado oder Bacon magst. Dazu gibt es eine gute Tasse Kaffee oder einen frischen Smoothie. Es heißt ja: Das Frühstück ist die wichtigste Mahlzeit des Tages.

Bellamystraat 2-h, thebreakfastclub.nl, Tel. 0202234933, Mo–Fr 8.00–16.00, Sa, So 8.00–17.00 Uhr, Frühstück 13 €, Tram 7, 17 Ten Katestraat

9

22

5

9

13

12
BUY
ESS
CAN
KE
ame thing

⑱ Versteckt im Bilderdijkpark liegt das Restaurant **Druis**. Am Wochenende kann man hier in der Sonne sitzend zu Mittag essen und unter der Woche wird ein leckeres Abendessen serviert. Auf der Speisekarte stehen einfache französische Gerichte, klassische Biere und Weine.

Bilderdijkpark 1a, www.druis-amsterdam.com, Tel. 0646436587, tgl. 11.00–0.00 Uhr, Preis 19,50 €, Tram 3 De Clercqstraat, 13, 19 Bilderdijkstraat

⑳ Im **Pazzi Amsterdam** genießt du die herzliche italienische Atmosphäre bei köstlichen Gerichten und Getränken. Die Pizzas werden auf traditionelle Weise im Holzkohleofen zubereitet. Man kann hier nicht reservieren. Falls du ein bisschen warten musst, verkürze dir die Wartezeit einfach mit etwas Antipasti.

De Clercqstraat 93, www.pazziamsterdam.nl, Tel. 0206186333, So–Do 17.00–22.00, Fr, Sa 17.00–22.30 Uhr, Pizza 13,50 €, Tram 3 De Clerqstraat, 13, 19 Bilderdijkstraat

㉒ Wenn man dieses traditionelle Café betritt, kann man kaum glauben, dass es erst vor zehn Jahren eröffnet wurde. Das **Café Thuys** ist die gute Stube im Kinker-Viertel, hier nehmen die Bewohner des Stadtteils am Pub-Quiz teil, gucken Fußball und bestellen zu bezahlbaren Preisen das Tagesgericht (vom Schnitzel bis zum Eintopf). Wenn die Sonne scheint, kann man sich auch auf die Terrasse setzen. Die Aussicht wird nie langweilig: Beobachte das gesellige Treiben auf dem Wasser und die Leute, die hier vorbeispazieren.

De Clercqstraat 129, Tel. 0206120898, Mo–Do 15.00–1.00, Fr, Sa 11.00–3.00, So 11.00–1.00 Uhr, Preis 15 €, Tram 13, 19 Willem de Zwijgerlaan

㉔ Bei schönem Wetter gibt es nichts Schöneres, als sich auf der sonnenüberströmten Terrasse der **Bar Bistro Belleami** niederzulassen. Die Mittags- und Abendkarte wechseln je nach Jahreszeit und sind von der französischen mediterranen Küche inspiriert. Von Montag bis Donnerstag wird hier ein *table d'hôte*-Menü mit Vor- und Hauptgang sowie einem Glas Wein für 23,50 € serviert.

Tweede Kostverlorenkade 70, belleami.nl, Tel. 0206124662, So–Do 11.00–1.00, Fr, Sa 11.00–3.00 Uhr, Preis 18,75 €, Tram 1, 7, 17 J.P. Heijestraat

㉙ Was für zwei Amsterdamerinnen als Hobby begann, hat sich inzwischen zu einer erfolgreichen und urgemütlichen Bar entwickelt. Bei **Gebrouwen door Vrouwen** kommen besondere, direkt vor Ort gebraute Biere mit Namen wie

Citrus Paradisi und Bloesem Blond aus dem Zapfhahn. Wenn ihr als Gruppe kommt, könnt ihr euer Bier direkt am Tisch zapfen!
J.P. Heijestraat 119d–h, gebrouwendoorvrouwen.nl, Tel. 0208545277, Mo–Do 15.30–0.00, Fr, Sa 14.00–1.30, So 14.00–0.00 Uhr , Bier 3,80 €, Tram 1, 7, 17 J.P. Heijestraat

㉛ Vegane Burger, Snacks, Desserts und Getränke gibt es in der **Vegan Junk Food Bar Westside**. Das mit vielen Preisen ausgezeichnete Konzept der Bar möchte einen positiven Einfluss auf Tiere, Umwelt und Menschen haben. Auf der Karte: (*not so guilty*) *comfort food* und ganz besonders gesunde Snacks.
Staringplein 22, www.veganjunkfoodbar.com, Tel. 0618229944, tgl. 12.00–22.00 Uhr, Preis 14,25 €, Tram 1, 7, 17 J.P. Heijestraat

㉜ Die *Pizzaiolos* in diesem angesagten Lokal haben alle Hände voll zu tun, denn die Pizzas von **Forno** gehören zu den beliebtesten von Oud-West. Der Grundgedanke ist so einfach wie genial: ein schlicht eingerichtetes Restaurant, eine große Terrasse und Pizzas mit perfektem Boden aus dem Holzofen. Und das Forno bietet noch mehr: gute Antipasti wie Austern und gegrilltes Gemüse, ausgefallene Beläge sowie hochwertige Weine und Proseccos.
Rhijnvis Feithstraat 43, www.restaurantforno.nl, Tel. 0206187415, Mo–Do 12.00–0.00, Fr–So 16.00–0.00 Uhr, Pizza 13 €, Tram 1 Rhijnvis Feithstraat

㉝ Die Familie Bertram hat ihre erste Bäckerei bereits 1890 im Jordaan-Viertel in Amsterdam eröffnet. Heute ist **Bakker Bertram** an einer Ecke auf der lebendigen Cornelis Schuystraat. Nimm dein frisches Sandwich und eine Tasse Kaffee mit nach draußen oder suche dir einen Platz in der gemütlichen Bäckerei.
Cornelis Schuytstraat 34, www.bakkerbertram-amsterdam.nl, Tel. 0203319042, Mo–Fr 7.30–17.00, Sa 8.00–17.00, So 8.30–16.00 Uhr, Sandwich 5,25 €, Kaffee ab 2 €, Tram 2 Cornelis Schuytstraat

SHOPPEN

⑩ Die Schwestern **Jutka & Riska** verkaufen in ihrem Laden Vintage-Kleidung, eigene Entwürfe und Kreationen junger Designer. Die Kollektion verändert sich permanent. Zudem gibt es eine große Auswahl an Tassen, Deko, Sonnenbrillen

13
LOT SIXTY ONE
COFFEE ROASTERS

21

14

21

und Schuhen. Die einzigartigen Kleidungsstücke sind praktisch nach Farben sortiert und das Preis-Leistungs-Verhältnis ist gut.
Bilderdijkstraat 194, www.jutkaenriska.nl, Tel. 0206188021, Mo–Mi, Fr, Sa 11.00–19.00, Do 10.00–19.00, So 12.00–18.30 Uhr, Tram 3 Kinkerstraat, 7, 17 Bilderdijkstraat

⑭ Bei **Gathershop** werden handgefertigter Schmuck und andere schöne Fairtrade-Produkte verkauft, die meist aus kleinen Designstudios stammen. Zeitschriften, Sukkulenten, Hautpflegeprodukte und Bürobedarf: Hier gibt es viele kleine, schöne Fundstücke. Der weiße Raum ist minimalistisch eingerichtet und der perfekte Ort, um ein nettes Geschenk zu finden. Der Gathershop liegt in den „Kleinen Hallen", einer Passage mit vielen anderen Geschäften.
Hannie Dankbaarpassage 19, www.gathershop.nl, Mi–Fr 12.00–17.00, Sa, So 12.00–18.00 Uhr, Tram 3 Kinkerstraat, 7, 17 Bilderdijkstraat

⑲ Bei **T.I.T.S.** gibt es trendige Klamotten, coole Must-Haves und schöne Accessoires. T.I.T.S. steht für This Is The Shit (Das ist der Hammer), aber in diesem Geschäft werden dir auch genügend echte *tits* begegnen.
De Clercqstraat 78, www.tits-store.com, Di–Sa 12.00–18.00, So 13.00–18.00 Uhr, Tram De Clercqstraat, 13, 19 Bilderdijkstraat

㉑ Musst du bei Bürobedarf auch an langweilige Büroklammern, Hefter und Mappen denken? Dann kennst du den **Misc Store** noch nicht. Bereits der Onlinehandel mit Büroartikeln, die glücklich machen, war ein großer Erfolg. Jetzt kann man die schönen *traveler's notebooks*, Kalender, Notizhefte und Stifte auch im Showroom bewundern. Du wirst dein Büro nicht wiedererkennen!
De Clercqstraat 130, www.misc-store.com, Tel. 0207009855, Mo–Fr 12.30–18.30, Sa, So 12.00–18.00 Uhr, Tram 3 De Clerqstraat, 13, 19 Bilderdijkstraat

㉕ Quarkbällchen aus Hüttenkäse und Cranberrys, Bio-Maisbrot mit Kürbis, Vollkornbrot mit Walnüssen: Bäcker Frank von **Frankie's Corner** erfindet jede Woche neue Kreationen, die gesund und biologisch sind und ohne Konservierungsstoffe auskommen. Wie in einem echten Tante-Emma-Laden weiß auch Frank genau, was in der Nachbarschaft los ist, und ist immer für einen Plausch zu haben.
Jan Pieter Heijestraat 95, www.frankies-corner-amsterdam.nl, Tel. 0206121776, Mo–Sa 7.00–17.30 Uhr, Tram 1, 7, 17 J.P. Heijestraat

㉖ Ein Geschäft voller schöner Kleider, T-Shirts, Taschen, modischer Pumps, Schmuck, bunter Tücher und origineller Geschenke. Es macht einfach Spaß, bei **Gesponnen Suiker** zu stöbern. Und bevor man sich versieht, steht man mit vollen Taschen wieder auf der Straße.

Jan Pieter Heijestraat 114, www.gesponnensuiker.nl, Tel. 0206160108, Mo 13.00–18.00, Di, Mi, Sa 11.00–18.00, Do, Fr 11.00–19.00, So 12.00–18.00 Uhr, Tram 1, 7, 17 J.P. Heijestraat

㉚ Dieser angesagte, schicke Sneaker-Shop beweist, dass Sneaker den High Heels in nichts mehr nachstehen. Die beeindruckende Auswahl ist von der Liebe der Londoner zu ihren Sneakern inspiriert. Die Schuhe von unbekannteren Marken wie Supra, Creative Recreation, Goliath, Shabbies und Radical sind stilvoll, anders und fallen sofort ins Auge. Und genau dafür steht **Label 1401**.

Jan Pieter Heijestraat 153, Tel. 0206161734, Di, Mi, Fr 10.00–18.00, Do 10.00–20.00, Sa 10.00–17.00 Uhr, Tram 1, 7, 17 J.P. Heijestraat

FREIZEITTIPPS

④ Der **Vondelpark** ist für viele Amsterdamer das „zweite Zuhause". Der Park ist nicht nur der ideale Ort für ein romantisches Picknick, sondern auch für Familienfeiern. Im Sommer finden auf der Freilichtbühne außerdem jeden Mittwoch bis Sonntag kostenlose Tanz-, Theater- und Musikaufführungen statt.

Constantijn Huygensstraat, www.hetvondelpark.net, Tram 1 Eerste Constantijn Huygensstraat, 3 Overtoom

⑮ Wo sich heute **De Hallen** befindet, stand bis zum Ende des 19. Jahrhunderts das größte Straßenbahndepot der Stadt. Der riesige Komplex hat sich in letzter Zeit zu einem Ort für Kreative mit mehreren Fernsehstudios, einem Kino mit einem Art-déco-Saal, einer Bibliothek mit Literaturcafé und einem Industriehotel entwickelt. An den verschiedenen Ständen in der Foodhallen findet garantiert jeder etwas nach seinem Geschmack. Möchtest du mehr über die Geschichte dieses besonderen Gebäudes erfahren? Dann nimm an einer der Führungen teil.

Hannie Dankbaarpassage 47, www.dehallen-amsterdam.nl, So–Do 7.00–1.00, Fr, Sa 7.00–3.00 Uhr, Führungen siehe Webseite, Führung 12,50 €, Tram 7, 17 Ten Katestraat

Urban creative

⑰ Früher gab es fast an jeder Straßenecke Amsterdams eine Brauerei. Dieses rote Backsteingebäude erinnert daran. Heute lässt sich am Gebäude mit der Hausnummer 102 nicht mehr erkennen, dass es einst als Weinlager diente. Es wurde 1903 im eklektischen Stil entworfen, in dem sich Elemente der Neorenaissance und des Art Nouveau vereinen. Die Verkostungsräume befanden sich unter dem Dach. Heute ist es unter dem Namen **De Nieuwe Liefde** ein lebendiges Zentrum für Diskussionen, Besinnung und Poesie.

Da Costakade 102–106, www.denieuweliefde.com, Tel. 0205891680, Programm und Preise auf der Webseite, Tram 3 De Clercqstraat, 13, 19 Bilderdijkstraat

㉓ Wenn man durch diese kleine Straße schlendert, begibt man sich auf eine kleine Zeitreise. Die **Bellamystraat** liegt immer noch auf „Polderniveau", dem Bodenniveau, auf dem alle Amsterdamer Ortschaften vor der Stadterweiterung von 1865 gebaut wurden. Heute hebt sich die Straße von den „Neubauten" aus der zweiten Hälfte des 19. Jahrhunderts ab.

Bellamystraat, Tram 7, 17 Ten Katestraat

(27) Das **LAB111** befindet sich in einem ehemaligen pathologisch-anatomischen Labor auf dem Gelände des Wilhelmina Gasthuis. Hier kannst du Filme anschauen, die normalerweise nicht im Kino zu sehen sind. Ansonsten ist dies ein Ort für Kunstprojekte und experimentelle Musik. In der Bar **Strangelove** kann man hervorragend essen. Hier erlebst du das Amsterdam abseits der ausgetretenen Pfade.

Arie Biemondstraat 101–111, www.lab111.nl, Tel. 0206169994, Kino tgl. ab 13.00, Bar tgl. 13.00–22.00 Uhr, Kinoticket 11 €, Tram 7, 17 Ten Katestraat

(28) In Amsterdam ist der **Paviljoen 3** ein Pseudonym für das Irrenhaus. „Reif für Pavillon 3" sagt man in Amsterdam also, wenn sich jemand merkwürdig verhält. Früher war er einer der Trakte des **Wilhelmina Gasthuis**. Hier befinden sich heute Ateliers und Ausstellungsräume. Das Gebäude ist – während der Geschäftszeiten – kostenlos zugänglich, schau dich also gerne um. Im **WG Café** findest du ein ruhiges Plätzchen, um zu arbeiten oder um einfach eine Tasse Kaffee zu trinken.

Ketelhuisplein 41, www.wg-terrein.nl, Café So–Do 10.00–1.00, Sa 10.00–3.00 Uhr, Tram 1 Eerste Constantijn Huygensstraat, 3 Overtoom

(34) Promis, teure Autos und Touristen bevölkern die **P.C. Hooftstraat**, wo es ausschließlich ums Sehen und Gesehenwerden geht. Selbstverständlich sind hier die Filialen der teuren Marken wie Gucci, Prada und Louis Vuitton. Wenn „die PC" über deinem Budget liegt, schlendere einfach über den Boulevard und genieße die Aussicht auf die schönen Dinge in den Schaufenstern.

P.C. Hooftstraat, pchooftstraat.nl, Tram 3 van Baerlestraat, 2, 5, 12 Rijksmuseum

(37) **Het Concertgebouw** ist eines der am besten besuchten Konzerthäuser der Welt und berühmt für seine perfekte Akustik. Wenn du dir hier ein Konzert anhören möchtest, solltest du frühzeitig Karten reservieren. Alternativ gibt es jeden Mittwoch (außer im Juli und August) von 12.30–13.30 Uhr ein Lunchkonzert, zu dem der Eintritt frei ist. Allerdings solltest du früh da sein, um eine der begehrten Karten zu ergattern!

Concertgebouwplein 10, www.concertgebouw.nl, Tel. 0206718345, Programm und Preise auf der Webseite, Tram 3, 5, 12 Museumplein

ROUTE 4

WEST & WESTERPARK

INFOS ZUR ROUTE

Wenn du einen schönen Spaziergang durch einen bunten Stadtteil mit vielen kreativen Initiativen machen möchtest, dann ist diese Route genau die Richtige für dich. Erkunde die schönen Geschäfte und Cafés auf der Jan Evertsenstraat und genieße die Ruhe im Erasmus- und Westerpark. Wenn du mehr über die Amsterdamer Schule erfahren möchtest, solltest du auf jeden Fall an einer Führung im Museum Het Schip teilnehmen. Vom Hauptbahnhof nimmst du die Straßenbahnlinie 13 bis zur Haltestelle Admiraal de Ruijterweg, dort startet diese Tour.

DAS VIERTEL

De Baarsjes und **Bos en Lommer**: Bis vor wenigen Jahren haben die Amsterdamer am liebsten einen großen Bogen um diese beiden Stadtteile gemacht. Damit sich ein Besuch lohnt, muss man noch immer die besten Orte kennen, die man aber in kaum einem Reiseführer findet. Das ist schade, denn hier gibt es in puncto Kultur und Gastronomie einiges zu erleben! Das Schönste aber ist, dass die Einwohner und Unternehmer selbst für die Entwicklung ihres Stadtteils verantwortlich sind. Mit Initiativen wie *Geef om de Jan Eef* (für die Einkaufsstraße Jan Evertsenstraat) und *BoLo Boost* (für Bos en Lommer) haben sie dafür gesorgt, dass heruntergekommenen Straßen und Vierteln neues Leben eingehaucht wurde. Heute gibt es hier verschiedene Initiativen, Pop-up-Stores und Wochenendmärkte, die zum Einkaufen einladen. Die großen Ketten gibt es hier nicht, was mehr Raum für kleine Firmen mit besonderen Ideen lässt.

West befindet sich nach wie vor im Wandel und verändert sich zu einem multikulturellen Stadtteil mit vielen innovativen Unternehmen. Dabei hat sich auch das **Westergasterrein** im Westerpark zu einem wichtigen kreativen Zentrum entwickelt. Schon lange werden die Fabriken nicht mehr dafür genutzt, die Stadt mit Gas zu versorgen. Im Sommer finden im **Westerpark** an jedem Wochenende Festivals statt und einmal im Monat wird hier ein Sunday Market veranstaltet.

BESCHREIBUNG ROUTE 4 (ca. 11,1 km)

Diese Route startet im Admiraal de Ruijterweg 1 2 3, folge linker Hand der Jan Evertsenstraat in den angesagten Westen Amsterdams 4 5 6 7 8 9 10. Spaziere an der besonderen Architektur am Mercatorplein 11 vorbei, gehe durch das Tor in der Mercatorstraat und nach rechts durch die Jan Maijenstraat zur Jeruzalemkerk 12. Biege nach rechts in die James Cookstraat und dann zweimal links ab, um in die von viel Grün gesäumte Vespuccistraat 13 zu gelangen. Am Ende der Straße erreichst du den schönen Erasmuspark 14. Im Park hältst du dich an der ersten Abzweigung links 15. Überquere den Wassergraben und laufe nach rechts die Mercatorstraat entlang 16. Gehe links bis zum Hoofdweg, überquere die Brücke und gehe nach links für eine Pizza 17 oder direkt rechts am Wasser entlang. An der Griseldestraat biegst du links ab und folgst der Straße bis zur Tijl Uilenspiegelstraat. Hier gehst du nach links. Durch die kleine Straße auf der rechten Seite und über die Treppe kommst du zum Bos en Lommerweg, den du überquerst, um die Gulden Winckelplantsoen, ein Teil der Bosleeuw Midden 18, zu betreten. Biege dann nach rechts in den Leeuwendalersweg und nimm eine der nächsten Straßen rechts, um zum Bos en Lommerweg zurückzukehren, den du nach links hinunter läufst 19 20 21 22. Laufe weiter bis zur Willem de Zwijgerlaan, an der du erst nach rechts und dann sofort nach links in die Adolf van Nassaustraat abbiegst 23. An der Nieuwpoortstraat hältst du dich rechts und folgst dem Nieuwpoortkade nach links. Laufe an den Mühlen 24 vorbei und folge dem Haarlemmerweg nach rechts, bis zur ersten Brücke auf der linken Seite, die du überquerst, um den Westerpark zu betreten 25. Folge rechts der Gosschalklaan 26 bis zum Westergasterrein 27 28 29. Anschließend kommst du an Het Ketelhuis vorbei, wo du nach links in Richtung der Eisenbahngleise abbiegst und am Hotel nach rechts gehst. Folge den Gleisen bis zum zweiten Tunnel. Durch diesen erreichst du die Spaarndammerstraat 30, wo du zwei ganz besondere Restaurants 31 32 findest. Halte dich an der Knollendamstraat links und gehe im Uhrzeigersinn um den Spaarndammerplantsoen herum, um zu einem Höhepunkt der Amsterdamer Schule zu kommen 33. Über die Oostzaanstraat und Hembrugstraat, in die du rechts abbiegst, erreichst du den Houthavens 34. Laufe zum Haparandadam, um etwas zu essen 35 36 oder gehe direkt nach rechts über Stettineiland, das später zur Memeleiland wird, bis es nicht mehr weitergeht. Folge der Tasmaanstraat ein kurzes Stück, überquere den Kanal und beende den Spaziergang in der Van Diemenstraat 37 im BAK Restaurant 38.

SEHENSWÜRDIGKEITEN

⑪ Der vom berühmten Architekten Hendrik Petrus Berlage entworfene **Mercatorplein** sollte sich Mitte der 1920er-Jahre zum Mittelpunkt des Westens entwickeln. Aus den ursprünglich hier vorgesehenen Cafés, dem Theater, dem Kino und dem Kaufhaus wurde aber nichts. Bis in die 1940er-Jahre wurde der Platz nur zum Wohnen und Arbeiten genutzt, erst dann eröffnete das erste Geschäft.
Mercatorplein, Tram 7, 13 Mercatorplein

⑫ Der Westen ist ein Paradies für Fans der Amsterdamer Schule. Die **Jeruzalemkerk** ist zweifellos eines der außergewöhnlichsten Gebäude dieses Baustils. Der Architekt ließ die Kirche zwischen 1928 und 1929 an die dortigen Wohnhäuser anbauen, um auszudrücken, dass Gott bei den Menschen wohnen wollte. Auffällig ist auch die Symmetrie des Giebels und die Tatsache, dass die Kirche in Nord-Süd-Richtung und nicht wie üblich in Ost-West-Richtung ausgerichtet ist. Die sieben Glasfenster symbolisieren die Tage der Schöpfungsgeschichte.
Jan Maijenstraat 14, www.jeruzalem-kerk.nl, Tram 7, 13 Mercatorplein

⑬ Vor fast 100 Jahren wurde die **Vespuccistraat** als „grüne Straße" zum Erasmuspark angelegt, mit Vorgärten, besonderen Bäumen und Häusern im Stil der Amsterdamer Schule. Während die eine Hälfte der Gärten liebevoll von den Bewohnern gepflegt wurde, kümmerte sich die Stadtverwaltung nur wenig um die andere Hälfte. Kürzlich beschlossen die Anwohner, dass die Gärten ihr Aussehen aus den 1920er-Jahren zurückerhalten sollten. Zum Glück konnten die 40 japanischen Nussbäume *(Ginkgo biloba)* erhalten bleiben.
Vespuccistraat, Tram 13 Marco Polostraat

⑱ Der Architekt Cornelis van Eesteren entwickelte in den 1930er-Jahren seinen Plan für **Bosleeuw Midden**, eine besondere Wohnanlage mit Häusern, Gärten und viel Grün. Es war ein Beispiel für einen neuen Baustil, bei dem Wohnen, Arbeiten, Erholung und Natur getrennt wurden und die Häuser erschwinglich waren. Leider wurden die ursprünglichen Piggelmee-Häuser, die früher entlang des Leeuwendalerswegs standen, 2018 durch Neubauten ersetzt.
Zwischen der A10, Admiraal de Ruijterweg, Wiltzanghlaan und Leeuwendalersweg, Tram 7 Bos en Lommerplein

Westergasterrein!
STUDIO
Verse
Gekoelde
Jus D'Orange

㉔ **Molen de Bloem** stand von 1786–1878 auf einem Bollwerk an der Bloemgracht in der Innenstadt, woher auch der Name der Mühle stammt. Als um 1870 die Marnixstraat angelegt wurde, musste sie weichen. 1921 wurde sie wiederaufgebaut und anschließend mehrere Male renoviert. Bis 1960 wurde hier noch Korn gemahlen; heute dreht sich die Mühle nur noch zu besonderen Anlässen.
Haarlemmerweg 465, nicht für die Öffentlichkeit zugänglich, Tram 3 van Hallstraat, Bus 21 Vredenhof

㉗ Als die Westergasfabriek 1883 gebaut wurde, war sie das größte Kohlegaskraftwerk der Niederlande. Bis in die 1960er-Jahre hinein wurde hier noch Gas produziert. Heute ist das **Westergasterrein** ein Park und ein Kulturzentrum. Im Het Ketelhuis werden niederländische Filme gezeigt und in den Studios wird unter anderem die Talkshow *De vooravond* aufgezeichnet. Im Pacific kann man tanzen.
Polonceaukade, www.westergasfabriek.nl, Tram 3 Van Limburg Stirumstraat

㉝ Das **Museum Het Schip** wurde 1921 als Kombination aus Postfiliale und Wohnungen im Stil der Amsterdamer Schule erbaut. Inzwischen dient es bereits seit

mehreren Jahren als Museum für die Amsterdamer Schule. Das wunderbare Gebäude lässt sich also auch von innen besichtigen. Die Museumswohnung ist noch immer wie in den 1920er-Jahren eingerichtet.
Oostzaanstraat 45, www.hetschip.nl, Tel. 0206868595, Di–So 11.00–17.00 Uhr, Führungen zu jeder vollen Stunde, Eintritt 15 € inkl. Führung, Bus 22, 48 Spaarndammerstraat

㉞ Die **Houthavens** wurden damals, 1876, für das Umladen und die Lagerung von Holz angelegt. Dieser Hafen war der erste künstlich angelegte Hafen von Amsterdam. Heute verändert sich das Gesicht des Hafens und hier entsteht ein komplett neuer Stadtteil. Das einzigartige Gebäude Het Pontsteiger solltest du dir nicht entgehen lassen. Mit seinen 82 Metern überragt es alles in seiner Umgebung. Das Gebäude wurde von Arons & Gelauff Architecten entworfen.
Houthavenkade, Bus 48 Haparandaweg

㊲ 1876 wurde mit dem Bau des Nordseekanals eine direkte Verbindung zwischen der Nordsee und Amsterdam geschaffen. Um den Handel anzuregen, den man sich durch den Bau erhoffte, wurde das **Pakhuis Het Veem** gebaut. Wo Ende des 19. Jahrhunderts noch Kaffee, Tee und Tabak gelagert wurden, sind heute Kulturbetriebe und Ateliers, ein Restaurant und ein Theater.
Van Diemenstraat 410, www.veem.nl, Bus 48 Houtmankade

ESSEN & TRINKEN

① Gemütliche Nischen, Industrieflair und ein großes Sofa: In der **Bar Spek** beginnt man den Tag mit einem Milchkaffee, einem leckeren Tee oder einem besonderen Smoothie, etwa einem „Green Monster" oder „Bloody Mary". Hier werden Austern, Pizzas und andere italienische Köstlichkeiten sowie eine unfassbare Auswahl an fantastischen Desserts serviert.
Admiraal de Ruijterweg 1, www.barspek.nl, Tel. 0206188102, Mo–Do 8.00–1.00, Fr 8.00–2.00, Sa 9.00–2.00, So 9.00–1.00 Uhr, Pizza 15,50 €, Tram 13, 19 Willem de Zwijgerlaan

③ Falafel und Bier sind die Spezialitäten in der **Bar Kauffmann**. Die ideale Anlaufstelle für Vegetarier. Daneben stehen mehr als 30 besondere Craftbiere zur Auswahl. Das Bistro liegt in einer kleinen Seitenstraße, man muss also wissen, wo man es suchen muss. Mit der kleinen Sonnenterrasse ist dies ein perfekter Ort, um im Sommer zu entspannen.

Reinier Claeszenstraat 4b–h, www.barkauffmann.nl, Tel. 0208461606, So–Do 11.00–23.00, Fr, Sa 11.00–1.00 Uhr, Pita Falafel 12,50 €, Tram 13, 19 Willem de Zwijgerlaan

④ Auf der Karte im **Radijs** stehen nach Stadtvierteln benannte Sandwiches, darunter das Oude Baarsjes, ein Sandwich mit Essiggurken und Senf. Mehr Amsterdam geht nicht! Hier gibt es Bier aus einer lokalen Brauerei, Honig vom Stadtimker, dazu genießt du die Industrie-Deko im Inneren oder die Sonne auf der Terrasse.

Jan Evertsenstraat 41, www.radijs-amsterdam.nl, Tel. 020207513232, tgl. 11.00–1.00 Uhr, Preis 17,50 €, Sandwich 8,50 €, Tram 13 Marco Polostraat

⑤ Im **Deli-caat** gibt es frisch gebackene französische Baguettes und Quiches, Gemüse, Obst und Bio-Lebensmittel. Hier kannst du dich mit einer Tasse Kaffee von White Label Coffee oder einem Sandwich erholen. Die Eigentümer bezeichnen ihr Geschäft als Mischung aus Delikatessengeschäft, Lunchroom und Café.

Admiralengracht 223hs, www.deli-caat.nl, Tel. 0638103649, Sa–Mo 16.00–21.00, Di–Fr 11.00–21.00 Uhr, Preis € 12, Tram 13 Marco Polostraat

⑦ Mit seinem Namen, seiner Lage und dem nicht abreißenden Besucherstrom ist es nicht übertrieben, die **Bar Baarsch** als das Zentrum von de Baarsjes zu bezeichnen. Geschäftsessen, Drinks nach Feierabend, spontane Abendessen, feuchtfröhliche Partys oder ein günstiges Frühstück – hier ist alles möglich. Eine urige, aber moderne Viertelkneipe mit gutem Essen und einer großen Bierkarte.

Jan Evertsenstraat 91, www.barbaarsch.nl, Tel. 0206181970, Mo–Do 10.00–1.00, Fr 10.00–3.00, Sa 11.00–3.00, So 11.00–1.00 Uhr, Preis € 16,50, Tram 13 Marco Polostraat

⑨ **White Label Coffee** möchte mit seinen schlichten, robusten Cafés die industrielle Atmosphäre von Brooklyn heraufbeschwören. Im Mittelpunkt steht der vor Ort geröstete Kaffee: kein Sirup, am besten auch keine Milch und kein Kuchen dazu. Der Tee kommt von der Amsterdamer Marke Monkey Chief Tea und auch die Schokolade von Chocolátl ist ein lokales Produkt. Den Kaffee kannst du hier auch als ganze Bohnen kaufen.

Jan Evertsenstraat 136, www.whitelabelcoffee.nl, Tel. 0207371359, Mo–Fr 8.00–18.00, Sa, So 8.30–18.00 Uhr, Tram 7, 13 Mercatorplein

Lunch all afternoon

36

7

16

⑩ Bei **Frits** stehen ausschließlich Burger und Bier auf der Speisekarte. Die Bierkarte ist so umfangreich, dass du immer wieder hierherkommen und jedes Mal etwas Neues aus aller Welt probieren kannst. Auf der großen Terrasse am Mercatorplein kann man wunderbar entspannen. Das Frits ist ein gemütlicher Imbiss mit superfreundlichen Mitarbeitern. Ein Ort, an dem man nach seinem köstlichen (vegetarischen) Burger gerne noch lange verweilt.

Jan Evertsenstraat 135, frits-amsterdam.nl, Tel. 0202339796, tgl. 16.00–1.00 Uhr, Preis 11,25 €, Tram 7, 13 Mercatorplein

⑮ Das hübsche Parkcafé **Terrasmus** serviert Säfte und Smoothies, Wraps und Suppen, Sandwiches, Getränke und Eis. Bei schlechtem Wetter kann man sich nach drinnen setzen, am schönsten ist es aber, mit einem Getränk oder einem Snack auf der Terrasse die Sonne zu genießen. In den Sommermonaten finden im und um das Café herum zahlreiche (musikalische) Aktivitäten statt.

Erasmuspark 1, www.terrasmus.nl, Tel. 0203343468, März–Okt tgl. 9.00–18.00 Uhr (bei gutem Wetter länger), Toasti 4 €, Kaffee 2,50 €, Tram 7 Jan van Galenstraat

⑯ Die befreundeten Nachbarn, die das **Eetwinkel Buurman & Buurman** betreiben, wollten diesem dunklen Eckgebäude neues Leben einhauchen. Zusammen mit Freunden haben sie es in einen Ort zum Kochen und Essen für die Nachbarschaft verwandelt, mit einem Holzofen zum Pizzabacken als Herzstück. Nach Möglichkeit kaufen sie alle Zutaten vor Ort. Hier bekommst du auch Amsterdamer Limoncello, Himalayasalz, türkisches Olivenöl und noch vieles mehr.

Mercatorstraat 171, www.eetwinkelbuurmanenbuurman.nl, Tel. 0202628262, Mo–Do 17.00–22.00, Fr–So 16.00–22.00 Uhr, Preis € 14, Tram 7 Jan van Galenstraat

⑰ Der **Wilde Westen** befindet sich im Keller des alten GAK-Gebäudes in Bos en Lommer. Trotz der industriellen Einrichtung ist es den Besitzern gelungen, eine Art hippe Wohnzimmeratmosphäre zu schaffen, in der man sich sofort wohlfühlt. Die Pizzas aus dem Holzkohleofen sind sehr zu empfehlen. Jeden Montag ist hier der „hungrige Montag": Dann kostet jede Pizza auf der Karte nur 10 Euro. Probiere zum Beispiel die Pizza Wilder Wester mit Mozzarella, Spinat und Granatapfelkernen.

Bos en Lommerplantsoen 1, www.wilde-westen.nl, Tel. 0207608290, Mo–Do 16.00–0.00, Fr, Sa 16.00–1.00, So 16.00–23.00 Uhr, Preis 14 €, Tram 7 Bos en Lommerplein

(22) Nichts Ausgefallenes, keine übertriebene Deko, sondern einfach ein indonesisches Restaurant, wie es sein soll: **Betawi** gibt es bereits seit mehr als 30 Jahren, lange bevor asiatische Restaurants in Mode kamen. Der absolute Hit sind hier die Nasi Rames, es gibt aber ein großes vegetarisches Angebot.
Admiraal de Ruijterweg 337, www.betawi.nl, Tel. 0206821885, Di–So 16.00–22.00 Uhr, Preis 10 €, Tram 19 Bos en Lommerweg

(26) Das **Mossel & Gin** hat sich, wie der Name verrät, auf Muschelgerichte und Gin Tonics spezialisiert. Bestelle dir die klassisch in Weißwein, Karotten, Lauch und Sellerie gekochten Muscheln oder probiere die Muscheln mit roter Thai-Currysoße, Kokosnuss und Ingwer! Tipp: Kaufe ein paar Tuben der hauseigenen Gin-Mayo für zu Hause, die hier auf jedem Tisch steht.
Gosschalklaan 12, www.mosselengin.nl, Tel. 0204865869, Di–Do 16.00–0.00, Fr 14.00–1.00, Sa 13.00–1.00, So 13.00–0.00 Uhr, Preis 19,50 €, Gin-Tonic 12 €, Tram 3 Van Hallstraat, Bus 21 Van Hallstraat

(28) Ausgefallen ist wahrscheinlich die beste Beschreibung für das Rock 'n' Roll-Restaurant **Pacific**. Die Einrichtung des großen Raums im Industrie-Stil ist interessant und chaotisch, von den Bänken an der Wand aus kann man die Gäste besonders gut beobachten. Im Winter lodert hier ein gemütliches Feuer im Kamin, im Sommer sucht man sich am besten einen Platz auf der Terrasse. Von Donnerstag bis Samstag werden die Tische abends zur Seite gestellt, dann ist Platz für Livemusik und DJs.
Polonceaukade 23, www.pacificamsterdam.nl, Tel. 0204887778, tgl. 9.00–2.00 Uhr, Preis 18,95 €, Tram 3 Van Limburg Stirumstraat

(31) Bei der Eröffnung des **Restaurant Freud** hat der damalige Bürgermeister Job Cohen verkündet: „Man muss verrückt sein, wenn man hier nicht essen geht." Das stimmt, nicht zuletzt wegen des sehr engagierten Personals. Die rund 70 Mitarbeiter haben eine psychische Störung oder eine Sucht überstanden und erhalten hier eine zweite Chance. Alles kommt aus der eigenen Küche, von den Vorspeisen bis zu den Kuchen. Bei der Zubereitung wird nur Fleisch aus Freilandhaltung, Fisch aus nachhaltigem Fang und möglichst viel Biogemüse verwendet.
Spaarndammerstraat 424, www.restaurantfreud.nl, Tel. 0206885548, Di–So 17.00–23.00 Uhr, Menü 24,95 €, Tram 5 1e Marnixdwarsstraat, Bus 22 Assendelfstraat

㉜ Das **Café De Walvis** ist ein Ort, an dem sich jeder sofort wohlfühlt. Hier kann man ausgiebig zu Mittag essen, einen Drink genießen oder ganz romantisch dinieren. Und auch Fußballfan kommen hier nicht zu kurz, alle Spiele von Ajax und der niederländischen Nationalmannschaft werden auf einer großen Leinwand übertragen.

Spaarndammerstraat 516, walvis-amsterdam.nl, Tel. 0207739374, So–Do 11.00–1.00, Fr, Sa 11.00–3.00 Uhr, Preis 18,50 €, Tram 5 Eerste Marnixdwarsstraat, Bus 22 Assendelfstraat

㉟ Zwischen den Neubauten an den Houthavens triffst du auf ein ganz besonderes Gebäude: das 650 m² große **Karaat Amsterdam**. Der Name sagt schon alles über die Einrichtung und Atmosphäre: elegant und golden. Vom Frühstück bis zum Abendessen stehen Sushi und andere asiatisch inspirierte Gerichte auf der Speisekarte. Wenn du mit einer Gruppe kommst, kannst du einen Biertisch mit eigenem Zapfhahn reservieren. Im Sommer gibt es eine große Terrasse.

Houthavenkade 103, karaatamsterdam.nl, Tel. 0202239695, So–Do 8.00–0.00, Fr, Sa 8.00–2.00 Uhr, Preis 22 €, Bus 48 Haparandaweg

38

(36) Früher lag das **REM Eiland** neun Kilometer vor der Küste von Noordwijk in der Nordsee, von dort wurde ein Piratensender und das Programm von TV Noordzee ausgestrahlt. Heute befindet sich das markante Bauwerk in den Houthavens und beherbergt ein Restaurant, in dem man mit einem phänomenalen Blick auf die Häfen von Amsterdam speisen kann. Lass dich einfach vom Menü des Küchenchefs überraschen.

Haparandadam 45–2, www.remeiland.com, Tel. 0206885501, tgl. 12.00–22.00 Uhr, Preis 24,50 €, Bus 48, 248 Haparandaweg

(38) Wenn du ausgefallene Zutaten und Kombinationen magst, bist du im **BAK Restaurant** an der richtigen Adresse. Hier gibt es keine feste Speisekarte: Der Koch überrascht dich mit Gerichten aus frischem, unbehandeltem Gemüse und anderen, meist lokalen Bio-Produkten. Viele der Gerichte sind kleine Kunstwerke und die Weinkarte bietet eine beeindruckende Auswahl.

Van Diemenstraat 408, www.bakrestaurant.nl, Tel. 0207372553, Mi–Fr 18.30–1.00, Sa, So 12.30–1.00 Uhr, Dinner-Menü 60 €, Lunch-Menü 50 €, Bus 48, 248 Barentszplein

SHOPPEN

(2) Die Enthusiasten hinter **The Wine Spot** beweisen mit ihrem Wissen und ihrer Hingabe, dass Wein kaufen zu den schönsten Beschäftigungen überhaupt zählt. Die Weine kommen aus sieben europäischen Ländern, unter anderem aus Rumänien. Wenn du einen passenden Wein zu einem Gericht suchst, beraten sie dich gern. Außerdem bekommst du hier ausgefallene Biere.

Admiraal de Ruijterweg 43, www.thewinespot.nl, Tel. 0207372212, Mo 14.00–19.00, Di–Fr 11.00–19.00, Sa 10.00–19.00, So 12.00–18.00, Tram 13, 19 Willem de Zwijgerlaan

(8) Sanne und Petra haben eine Sammelleidenschaft, sind aber auch wählerisch. Deswegen findest du bei **Things I Like Things I Love** einen achtsam zusammengestellten Mix aus Vintage- und aktueller Mode von verschiedenen kreativen Designern. Auf Wunsch richten die beiden auch Häuser, Büros und Hotels ein.

Jan Evertsenstraat 106, www.thingsilikethingsilove.com, Tel. 0202239254, Mo 13.00–18.00, Di–Mi, Fr, Sa 11.00–18.00, Do 11.00–20.00, So 12.00–18.00 Uhr, Tram 7, 13 Mercatorplein

⑲ Es war mutig, diese Buchhandlung in Bos en Lommer, einem sogenannten „Chancenviertel" (einem Problemstadtteil, in dem die Gemeinde viele Maßnahmen durchführt), zu eröffnen. Inzwischen hat sich **De Nieuwe Boekhandel** zu einem beliebten Treffpunkt entwickelt. Hier bekommst du alle möglichen BoLo-Produkte: Tassen, Stifte und vieles mehr mit dem BoLo-Logo. Und wie es sich für eine Buchhandlung gehört, finden hier Lesungen, Buchbesprechungen und Workshops statt. Außerdem solltest du nicht versäumen, dir die Wall of Fame anzuschauen!

Bos en Lommerweg 227, www.libris.nl/denieuweboekhandel, Tel. 0204867722, Di–Sa 10.00–17.00 Uhr, Tram 19 Bos en Lommerweg, Bus 21 Egidiusstraat

㉑ Bei **Bureau Wijn** findest du eine große Auswahl an biologisch-dynamischen, Bio- und Naturweinen. Natürlich kannst du die Weine auch probieren – definitiv ein weiterer Grund, um hier vorbeizuschauen. Das Motto von Bureau Wijn lautet: Wein ist zum Trinken da. Prost!

Admiraal de Ruijterweg 325, www.bureauwijn.nl, Tel. 0649653404, Di–Sa 14.00–20.00, So 14.00–18.00 Uhr, Tram 19 Bos en Lommerweg

㉓ Bist du auch ein Fan von Zwiebeln, Gurken und holländischem Senf? Dann stehen die Chancen gut, dass du im Supermarkt von **Kesbeke Zoet & Zuur** fündig wirst. Dieses 70 Jahre alte Geschäft ist inzwischen das einzige, in dem heute noch sogenannte Pickles hergestellt werden. Das Angebot reicht von eingelegtem Gemüse, besonderen Ölen und Oliven bis hin zu frischem Obst und Gemüse. Und bevor du dich versiehst, nimmst du Estragonöl, Steinpilze und Einmachgläser mit nach Hause.

Adolf van Nassaustraat 3, www.zoetenzuur.nl, Tel. 0203032650, Mi–Fr 11.00–17.00, Sa 10.00–17.00 Uhr, Tram 19 Bos en Lommerweg, Bus 21 Solebaystraat

㉚ Bei **KWEEK Stadstuinwinkel** findest du alles, was Menschen mit wenig Platz, aber grünem Daumen suchen: Bio-Gartenkräuter, Bio-Gemüse, das in Töpfen wachsen kann, Gartengeräte, Hängepflanzen und Minigärten in Blumenkästen. Hier werden ausschließlich biologische Erde, Düngemittel und Pflanzenschutzmittel verkauft.

Spaarndammerstraat 54a, FB kweekstadstuinwinkel, Tel. 0203705181, Di–Fr 10.00–18.00, Sa 10.00–17.00, So 12.30–17.00 Uhr, Bus 22 Assendelftstraat

8
WELCOME TO OUK
A PLACE WHERE NEW I
MIXED WITH VINTA
SECOND HAND
WHERE
THING
NGS
VE

2
€ 6,90
Heerlijk glas wijn uit midden-Portugal: sappig, heel expressief met veel rood fruit in de neus en in de smaak, goede balans, complex met een lange na-dronk. Te serveren met rood vlees, wild, kaas & pasta's.
91 punten Wine Enthusiast (best buy)
CIÙ CIÙ
DO TEJO

FREIZEITTIPPS

⑥ Nach einer erfolgreichen Crowdfunding-Kampagne wurde 2015 das **Kattencafé Kopjes** eröffnet. Den sieben Katzen, die hier wohnen, fehlt es an nichts. Die Gäste können einen „Catuccino" mit einem Stück Kuchen oder ein Gericht von der Mittagskarte genießen. Da das Café nur Platz für 20 Gäste bietet, solltest du vorher einen Tisch reservieren. Durch eine „Katzenspende" von 3 Euro wird sichergestellt, dass es den Katzen auch zukünftig rundum gutgeht. Schau dich auch im Wild-Whiskers-Laden um, hier findest du alles für die Katze.
Marco Polostraat 211, kattencafekopjes.nl, Tel. 0207370999, Mi–So 10.00–19.00 Uhr, Eintritt 3 €, Tram 13 Marco Polostraat

⑭ Der **Erasmuspark** ist nicht irgendein Park: Die Wiesen und Gräben wurden dort angelegt, wo es vor 100 Jahren nichts anderes als Polder gab. Wie in einem Gemälde von Mondriaan haben die Planer die Harmonie zwischen Flächen, Farben und Linien gesucht. Sie haben dieses Leitbild im Park selbst neuinterpretiert: Wege, Bäume und Rasenflächen harmonieren prächtig miteinander. In der Mitte des Parks liegt der Rosengarten. An der Ecke zur Jan van Galenstraat gibt es einen Spielplatz für die Kleinen. Der Erasmuspark ist einer der wenigen Parks in Amsterdam, in denen man grillen darf. Du kannst dir aber auch etwas bei Terrasmus oder Eetwinkel Buurman & Buurman bestellen (S. 89).

Erasmuspark, Tram 7 Jan van Galenstraat

⑳ In den letzten Jahren hat sich die ehemalige Pniëlkerk zum kulturellen Zentrum von Bos en Lommer entwickelt. Auf dem Programm von **Podium Mozaïek** stehen Tanz, Theater, Weltmusik und Kleinkunst. Außerdem gibt es hier einige Studios und Ateliers. In den Ausstellungsräumen werden die Werke von aufstrebenden Künstlern gezeigt. Die Karte des Theatercafés widmet sich voll und ganz dem Thema Multikulti: Sandwiches aus marokkanischem Brot, abends gibt es *Mezze* und am Wochenende wird hier von 10.00–15.00 Uhr ein traditionelles türkisches Frühstück serviert.

Bos en Lommerweg 191, www.podiummozaiek.nl, Tel. 0205800380, Theatercafé So–Do 10.00–23.00, Fr, Sa 10.00–0.00 Uhr, Zeiten und Vorstellungen auf der Webseite, Mezze 11,50 €, türkisches Frühstück 13 €, Tram 19 Bos en Lommerweg

㉕ Wer an den **Westerpark** denkt, denkt vor allem an Westergasterrein, aber der Park hat noch viel mehr zu bieten. Neben viel Wasser, Hügeln und weitläufigen Rasenflächen gibt es hier auch einen Streichelzoo. Nachdem einige Jahre zuvor der frühere Bahnhof Willemspoort geschlossen wurde, wurde 1890 damit begonnen, hier einen Park anzulegen. Vorher verkehrten hier 35 Jahre lang die Züge der ersten niederländischen Eisenbahnlinie nach Haarlem. Nach der Schließung der Westergasfabriek im Jahr 1967 war das Gelände so verschmutzt, dass zunächst die oberste Bodenschicht abgetragen werden musste.

Westerpark, Tram 3 van Limburg Stirumstraat

㉙ **Het Ketelhuis** wird auch die „Kantine des niederländischen Films" genannt, neben gutem Essen kannst du dir hier europäische Produktionen anschauen. Schöner Nebeneffekt: Während man in anderen Kinos nicht mehr als Popcorn oder Nachos mit Käse bekommt, wird hier köstliches Essen serviert.

Pazzanistraat 4, www.ketelhuis.nl, Tel. 0206840090, So–Do 10.00–1.00, Fr, Sa 10.00–2.00 Uhr, Programm auf der Webseite, Kino 11 €, Hauptgericht 15 €, Tram 3 van Limburg Stirumstraat

ROUTE 5

OOST & DE PIJP

INFOS ZUR ROUTE

Von den für Amsterdam typischen Märkten bis hin zu jüdischen Traditionen: Auf dieser Route begegnest du vielen verschiedenen Kulturen und tauchst ein in die spannende Geschichte der Stadt. Schau dir auch das beeindruckende Tropenmuseum an, das oft zu Unrecht unbeachtet bleibt. An der Route liegt auch der Tierpark ARTIS. Dieser Spaziergang eignet sich auch gut für Kinder.

DAS VIERTEL

Oost ist vielleicht der vielseitigste Stadtteil Amsterdams. Hier befindet sich auch das **Indische Viertel**, in dem die Straßennamen und das **Tropenmuseum** an die koloniale Vergangenheit erinnern. In der **Javastraat** schießen zwischen den multikulturellen Geschäften trendige Cafés, Boutiquen und angesagte Restaurants aus dem Boden. Sehr zur Freude der Anwohner, die sich dafür einsetzen, dass der Schmelztiegel erhalten bleibt. Natürlich kennen sie die Vorzüge ihres Viertels. Ist es nicht wunderbar, beim türkischen Gemüsehändler günstige Paprika zu kaufen und dann beim Nachbarn den perfekten Kaffee zu trinken?

Danach wartet **Dapperbuurt** auf dich, ein Viertel mit ursprünglichem Amsterdamer Flair. Dieses Viertel ist bekannt für den **Dappermarkt** und die Linneaustraat mit den unzähligen gemütlichen Cafés. Am berühmtesten ist wahrscheinlich der Biertuin, der einzige Biergarten Amsterdams. Dapperbuurt grenzt unmittelbar an den grünen Stadtteil **Plantagebuurt**, wo sich neben dem **ARTIS** auch das jüdische Viertel befindet. In der **Portugese Synagoge** und dem **Jüdischen Historischen Museum** werden jüdische Traditionen gepflegt und im **Verzetsmuseum** erfährst du alles über die Geschichte des Zweiten Weltkriegs.

Dazwischen liegt der belebte **Oosterpark**, in dem alle in Oost lebenden Kulturen aufeinandertreffen. Die Denkmäler im Park erinnern an die unrühmliche Geschichte der Sklaverei, aber auch an jüngere Ereignisse, wie den aufsehenerre-

BESCHREIBUNG ROUTE 5 (ca. 11 km)

Beginne deinen Spaziergang bei Drover's Dog 1. Laufe auf der gegenüberliegenden Seite des Platzes durch die Sumatrastaat bis zur Javastraat 2 3. Rechter Hand am Javaplein findest du ein süßes Café-Restaurant 4, aber auch dahinter kann man gut essen 5 oder shoppen 6. Folge dann der Borneostraat, dem Hotspot von Oost 7. Kehre über die Sumatrastraat zur Javastraat mit ihren vielen exotischen und angesagten Geschäften zurück und laufe sie rechts hinunter 8 9. Unter den Gleisen 10 durch geht es geradeaus weiter über den Dappermarkt 11 bis zur Linnaeusstraat 12 13. Dort biegst du rechts ab 14 15. Folge ihr bis zum Tropenmuseum auf der linken Straßenseite 16. Wenn du Lust auf eine längere Route hast, laufe den Mauritskade hinunter, über die erste Brücke und folge dann der Plantage Middenlaan 17 18 19 und der Muilderstraat zum Meester Visserplein. Dort biegst du links ab und hältst dich hinter der Synagoge 20 links in Richtung Jonas Daniël Meijerplein 21. Gehe über die Brücke und biege anschließend links in die Hortusplantsoen ab. Halte dich an der Gabelung links und spaziere über die Plantage Muidergracht durch das Viertel Plantagegebuurt, bis du wieder die Plantage Middenlaan erreichst. Kehre über die ursprüngliche Route in die Linneausstraat zurück. Schlendere dann durch den Oosterpark 22 und verlasse ihn am Sklavendenkmal. An der Kreuzung zur Eerste Oosterparkstraat gibt es eine angesagte Bar 23. Über den Beukenweg gelangst du zum Beukenplein 24. Biege hier nach rechts in die Tweede Oosterparkstraat ab. An der ersten Straße läufst du nach rechts und folgst dann nach links der Eerste Oosterparkstraat bis zur Wibautstraat 25. Überquere die Straße, halte dich rechts und laufe in die zweite Straße links 26. Nimm die Nieuwe Amstelbrug über die Amstel, folge der Ceintuurbaan 27 und biege nach rechts in die Hemonystraat ab. Gehe an der Tweede Jan Steenstraat nach links, dann an der Eersten Sweelinckstraat wieder nach rechts 28. Bieg an der Govert Flinckstraat nach rechts und nimm die erste Straße links. Folge der Albert Cuypstraat nach links 29 30 31, nimm die Eerste van der Helststraat nach rechts und biege nach links in die Gerard Doustraat ab 32. Rechts über die Ferdinand Bolstraat gelangst du in die Saenredamstraat 33. Biege links in die Frans Halsstraat, dann links in die Govert Flinckstraat. Die Eerste van der Helststraat 34 führt zum Sarphatipark 35. Schlendere hindurch und gönn dir einen Kaffee in der Scandinavian Embassy 36. Rechts über die Ceintuurbaan 37 38 und links über die Ferdinand Bolstraat kommst du zur Brouwerij Troost auf dem Cornelis Troostplein 39.

SEHENSWÜRDIGKEITEN

③ Der Architekt H.P. Berlage hat nicht nur die Börse entworfen, sondern auch die **Berlageblokken**. Diese zwischen 1911 und 1915 im Stil des sozialen englischen Wohnungsbaus errichteten Arbeiterhäuser stehen heute unter Denkmalschutz. Bei der Planung wurde insbesondere darauf geachtet, dass es genügend Grünflächen gibt, deshalb gibt es nicht nur kleine Nutzgärten, sondern auch grüne Innenhöfe. Ende der 1960er-Jahre wurden die Wohnungen umfangreich saniert.
Balistraat, Benkoelenstraat, Javaplein, Javastraat und Langkatstraat, Tram 14 Javaplein

⑯ In diesem schönen Gebäude ist eine umfangreiche Sammlung von Gegenständen aus verschiedenen Kulturen der Welt zu bewundern. Das **Tropenmuseum** zeigt auch Filme, interaktive Ausstellungen und nachgebaute Geschäfte, die fremde Kulturen direkt erlebbar machen. Das Museum wurde 1864 als Kolonialmuseum in Haarlem gegründet, bis heute spielt die Kolonialgeschichte eine wichtige Rolle für das Gebäude und die Ausstellung. Ein besonderer Tipp für Kinder!
Linnaeusstraat 2, www.tropenmuseum.nl, Tel. 0880042800, Di–So 10.00–17.00 Uhr, Eintritt 16 €, Tram 7, 14, 19 Alexanderplein

⑱ Das **Verzetsmuseum** befindet sich im Gebouw Plancius, gegenüber dem Haupteingang von ARTIS. In der Dauerausstellung lassen rekonstruierte Straßenzüge und wandgroße Fotos die Atmosphäre der Kriegsjahre erleben. Anhand der Exponate, Fotos, Dokumente sowie Film- und Tonausschnitte wird hier das Leben der Menschen in Kriegszeiten gezeigt. Im interaktiven Kindermuseum werden die Geschichten aus der Perspektive von Kindern erzählt.
Plantage Kerklaan 61, www.verzetsmuseum.org, Tel. 0206202535, Mo–Fr 10.00–17.00, Sa, So 11.00–17.00 Uhr, Eintritt 12 €, Tram 14 Artis

⑳ Im Herzen des ehemaligen jüdischen Viertels von Amsterdam befindet sich die wunderschöne **Portugese Synagoge** (auch bekannt als Esnoga oder Snoge). Die Synagoge trägt diesen Namen, da die ersten Juden, die sich Ende des 16. Jahrhunderts in Amsterdam niederließen, aus Spanien und Portugal kamen. Die portugiesische Synagoge erfüllt nicht nur immer noch ihre ursprüngliche Funktion, auch die Innenausstattung ist erhalten geblieben. Im 17. Jahrhundert war sie die größte Synagoge der Welt und Teil eines riesigen Synagogen-

16
If you've got the time

komplexes. Auch das Jüdische Historische Museum mit über 13 000 Kunstwerken und historischen Objekten liegt im jüdischen Viertel von Amsterdam. Mr. Visserplein 3, jck.nl, Tel. 0205310310, wechselnde Öffnungszeiten (siehe Webseite), Eintritt 17 € inkl. Zutritt zu allen fünf Standorten des jüdischen Kulturviertels, Metro 51, 53, 54 Waterlooplein, Tram 14 Mr. Visserplein

(21) Im **Jüdischen Historischen Museum** erfährst du viel über die jüdische Kultur, die Religion und Geschichte. Hier gibt es eine große Sammlung mit Kriegsdokumenten. Außerdem werden zahlreiche persönliche Dokumente wie Briefe, Tagebücher, Fotos und Filme von verstorbenen jüdischen Personen ausgestellt. Nieuwe Amstelstraat 1, jck.nl, tgl. 11.00–17.00 Uhr, Eintritt 17 € inkl. Zutritt zu allen fünf Standorten des jüdischen Kulturviertels, Metro 51, 53, 54 Waterlooplein, Tram 14 Mr. Visserplein

(27) Nimm dir etwas Zeit, wenn du vor dem **Huis met de Kabouters** stehst, denn es gibt mehr zu sehen, als es auf den ersten Blick scheint. Als die Häuser 1884 erbaut wurden, hat der Architekt seiner Fantasie freien Lauf gelassen. Vor

allem die grünen Zwerge fallen sofort ins Auge. Fast so alt wie das Haus ist der dazugehörige Mythos: Die Zwerge werfen sich gegenseitig den Ball zu, sodass ihn immer wieder ein anderer Zwerg in den Händen hat.

Ceintuurbaan 251–255, Tram 3 Van Woustraat, 4 Ceintuurbaan

㉚ Der wahrscheinlich berühmteste Einwohner von De Pijp wurde gleich um die Ecke in der Gerard Doustraat 67 geboren. Der Sänger André Hazes verbrachte seine Jugend auf dem und rund um den Albert Cuypmarkt. Hier trank er sein erstes Bier und wurde am 5. Mai 1959 von John Kraaykamp Sr. entdeckt. Die **Statue** von **André Hazes** wurde am 23. September 2005 enthüllt. Am selben Tag wurde seine Asche mit zehn Raketen in die Luft geschossen.

Albert Cuypstraat, Tram 3 Van Woustraat, 4 Ceintuurbaan

ESSEN & TRINKEN

① Beginne deinen Tag mit einem Ausflug nach Down Under: Das **Drover's Dog** ist Aussie-Feeling pur. Frühstücken und brunchen können die Australier wie niemand sonst: Es gibt süße, herzhafte und pikante Gerichte.

Eerste Atjehstraat 62, www.drovers-dog.com, Tel. 0203703784, Di–Do 10.00–22.00, Fr, Sa 10.00–23.00, So 10.00–17.00 Uhr, Preis 17,50 €, Brunch 11,50 €, Tram 1 Muiderpoortstation

④ Das **Badhuis Oedipus** ist eines der letzten erhaltenen Badehäuser (1942) und heute ein gemütliches und angesagtes Café-Restaurant. Viele Jahre lang wurde das Gebäude als Hindu-Tempel und später als Secondhand-Shop genutzt. Heute ist es – wie früher – der Treffpunkt der Nachbarschaft. Anstatt der Duschen gibt es heute einen Kamin und Zapfhähne. Nur die Kacheln an der Wand hinter der Bar erinnern noch daran, dass sich genau hier früher die Frauen gewaschen haben.

Javaplein 21, oedipus.com, Tel. 0207657050, tgl. 14.00–0.00 Uhr, Preis 15 €, Tram 14 Javaplein

⑤ Im ausgefallenen **Wilde Zwijnen** genießt du in einem stimmungsvollen Interieur niederländische Küche auf höchstem Niveau. Hier werden saisonale Gerichte, möglichst aus lokalen niederländischen Produkten, serviert. Im Herbst

stehen hier zum Beispiel in Limburger Bierteig frittierte Champignons und Hirschragout auf der Speisekarte. Auch Vegetarier werden hier fündig.
Javaplein 23a, www.wildezwijnenwinkel.nl, Tel. 0204633043, Mo, Di 17.30–22.00, Mi, Do 17.00–22.00, Fr–So 12.00–22.00 Uhr, Vier-Gänge-Menü 45 €, Tram 14 Javaplein

⑩ In der **Bar Botanique** fühlt sich der Mittwoch genauso gut an wie der Freitag. Ein tropischer Ort für einen Drink im Amsterdamer Osten. Die perfekten Gin-Tonics harmonieren wunderbar mit einer frischen Pizza Tartufo.
Eerste van Swindenstraat 581, www.barbotanique.nl, Tel. 0203586553, So–Do 9.00–1.00, Fr, Sa 9.00–3.00 Uhr, Preis 15,95 €, Tram 1, 3, 14 Dapperstraat

⑬ Wer schon einmal in Surinam war, weiß: Bei **Roopram Roti** gibt es die besten surinamischen „Pfannkuchen" mit würziger Füllung. Es war also ein kluger Schachzug des Inhabers, das Konzept zu exportieren. Der Oosterpark liegt direkt um die Ecke. Hol dir bei gutem Wetter einfach ein surinamisches Picknick.
Eerste van Swindenstraat 4, www.roopramroti.nl, Tel. 0206932902, Di–So 14.00–21.00 Uhr, Hähnchen Roti 8,50 €, Tram 14, 19 1e van Swindenstraat

⑭ Man muss wirklich lange überlegen, damit einem eine Biersorte einfällt, die in diesem Biergarten nicht auf der Karte steht. Im **De Biertuin** werden Biere aus der nahe gelegenen Brauerei 't IJ ausgeschenkt, dazu gibt es besondere Weißbiere und Spezialitäten wie Snake Dog und Lamme Goedzak. Neben Bieren steht auch passendes Comfort Food wie Burger auf der Karte.
Linnaeusstraat 29, www.debiertuin.nl, Tel. 0206650956, So–Do 11.00–1.00, Fr, Sa 11.00–3.00 Uhr, Preis 13,95 €, Bier ab 3,50 €, Tram 14, 19 Eerste van Swindenstraat

⑮ An der Ecke gegenüber dem Tropenmuseum liegt **Louie Louie**, ein *all day*-Café mit einer fantastischen Terrasse. Auf der Speisekarte stehen Gerichte aus der südamerikanischen Küche, etwa Tacos, Quesadillas und traditionelle Fleischgerichte. Außerdem gibt es hier gute Cocktails oder du bestellst einen Pitcher Sangria.
Linnaeusstraat 11a, www.louielouie.nl, Tel. 0203702981, So–Do 9.00–1.00, Fr, Sa 9.00–3.00 Uhr, Preis 9,95 €, Tram 14, 19 1e van Swindenstraat

㉓ Allein die Einrichtung aus den wilden 1920er-Jahren und das köstliche Frühstück sind Grund genug, in die **Bar Bukowski** zu kommen. Auch deswegen hat

14
VEDETT EXTRA WHITE
LIEFMANS FRUITESSE

34

23

14

14

23
VEDETT
BUKOWSKI

34

sich diese Bar zu einem der angesagtesten Orte in Oost entwickelt. Das schroffe, intellektuelle Interieur, inspiriert vom Schriftsteller und Genusstrinker Bukowski („There is always a reason to drink!"), die dazugehörige Cocktailbar Henry's und die frischen Säfte: Hier stimmt einfach alles.

Oosterpark 10, www.barbukowski.nl, Tel. 0203701685, Mo–Do 8.00–1.00, Fr 8.00–3.00, Sa 9.00–3.00, So 9.00–1.00, Sandwich 8,95 €, Tram 1, 3 Beukenweg

㉔ Die Besitzer des **Coffee Bru** wurden von einer Kaffeebar in Südafrika inspiriert. Zwischen den charakteristischen Möbeln stehen Pflanzen, es riecht himmlisch nach Kaffee und auf dem Tresen stehen hausgemachtes Bananenbrot und Torten wie der leckere *Key Lime Pie*. Teeliebhaber trinken chinesischen Tee von Monkey Chief Tea, einer Marke, die von einem der Eigentümer gegründet wurde.

Beukenplein 14, www.coffeebru.nl, Tel. 0207519956, Mo–Fr 8.00–16.00, Sa, So 9.00–16.00 Uhr, Kaffee ab 2,50 €, Tram 1, 3 Beukenweg

㉕ In diesem gemütlichen Café-Restaurant erhältst du köstliche Gerichte aus saisonalen Produkten. Stelle dir aus drei kleinen Gerichten von der Karte dein eigenes Menü zusammen. Tagsüber kann man in der Sonne auf der Terrasse der **Bar Bouche** wunderbar eine leckere Bio-Soda oder einen Cocktail trinken.

Wibautstraat 107h, www.barbouche.nl, Tel. 0202807040, Do–So 12.00–0.00 Uhr, Gerichte ab 8 €, Metro 51, 53, 54 Wibautstraat, Tram 3 Wibautstraat

㉖ **De Ruyschkamer** ist ein Wohnzimmercafé im Berliner Stil. Komm hierher, um Pizza auf dem Sofa zu essen, neue Cocktails zu probieren und das legendäre Duitse Bingo zu spielen. Die schönen Möbelstücke stehen zum Verkauf.

Ruyschstraat 34, www.deruyschkamer.nl, Tel. 0206703622, Mi, Do 17.00–1.00, Fr, Sa 17.00–2.00 Uhr, Käsefondue 14,50 €, Cocktail 9 €, Tram 3 Wibautstraat

㉘ Das angesagte **Little Collins** ist eine Hommage an die Stadt Melbourne. Davon zeugt auch die überwältigende Brunch- und Dinnerkarte. Hier bekommst du den ganzen Tag *cauliflower hashes*, *baked puddings* und *florentines*. Donnerstags und freitags gibt es auch eine Abendkarte mit internationalen kleinen Gerichten. Abends gibt es eine umfangreiche Weinkarte.

Eerste Sweelinckstraat 19f, www.littlecollins.nl, So–Di 9.00–16.00, Mi–Sa 9.00–22.00 Uhr, Lunch 13 €, Tram 3 Van Woustraat, 4 Ceintuurbaan

(33) Lässig und doch luxuriös. Bei **Maris Piper** fühlt man sich wie in einem Pariser Bistro. Die Gerichte auf der Speisekarte sind abwechslungsreich und reichen von einem Meeresfrüchteteller bis zu Beef Wellington oder Mac & Cheese. Im hinteren Teil des Restaurants befindet sich die Küche mit einem *Chef's Table.* Reserviere dir einen Platz an diesem exklusiven Tisch und du bekommst Gerichte von einer anderen Karte als die anderen Gäste im Restaurant.
Frans Halsstraat 76hs, www.bredagroup-amsterdam.com/restaurant-maris-piper Tel. 0207372479, tgl. 12.00–22.00 Uhr, Preis 20,50 €, Chef's Table-Menü 97,50 €, Metro 52 De Pijp, Tram 24 Marie Heinekenplein

(34) Bei **My Little Patisserie** gibt es die köstlichsten Torten. Ursprünglich wollte die Inhaberin Audrey etwas ganz anderes machen, verwarf dann aber all ihre Pläne und machte eine Ausbildung an der École de Boulangerie et de Patisserie in Paris. Die Liebe führte sie nach Amsterdam, hier verwirklichte sie ihren Traum von einem eigenen Geschäft mit einer französischen Patisserie. Genieße einen Kaffee und ein Törtchen im Geschäft oder nimm beides mit in den Sarphatipark.
Eerste van der Helststraat 63hs, mylittlepatisserie.nl, Tel. 0204706949, Mo–Fr 9.00–16.00, Sa 9.00–17.00 Uhr, Eclair 3,30 €, Metro 52 De Pijp, Tram 3 Tweede van der Helststraat

(36) Viel Holz, offene Räume und skandinavische Gerichte: Vom ersten Augenblick spürt man hier den nordischen Geist. Schweden hat eine lebendige, anspruchsvolle und vollendete Kaffeekultur. Das schmeckt man auch beim Kaffee in der **Scandinavian Embassy**. Die Bohnen stammen von Mikroröstereien in Stockholm, Helsingborg und Oslo. Auf der Speisekarte stehen Lammfleisch am Spieß, fermentierter Hering und dänischer Käse.
Sarphatipark 34, www.scandinavianembassy.nl, Mo–Fr 8.00–18.00, Sa, So 9.00–18.00 Uhr, Kaffee ab 2,70 €, Metro 52 De Pijp, Tram 3 Tweede van der Helststraat

(37) **SLA** bringt Salat auf ein höheres und noch köstlicheres Niveau. Sowohl Fleisch und Fisch als auch die verarbeiteten Getreide- und Milchprodukte sind biologisch. In dem großen Industrieraum zeigt sich, dass gesundes Essen wunderbar mit Wein und Bier kombiniert werden kann. Wenn du vor der Theke mit Dutzenden leckeren Zutaten stehst, wirst du feststellen, dass es gar nicht so leicht ist, dir deinen perfekten individuellen Salat zusammenzustellen.

Ceintuurbaan 149, www.ilovesla.com, Tel. 0202334391, tgl. 11.30–21.00 Uhr, Salat 11,50 €, Metro 52 De Pijp, Tram 3 Tweede van der Helststraat

㊳ Lange war das ehemalige Ceintuurtheater aus den 1920er-Jahren geschlossen. Nach einer umfassenden Renovierung ist es heute das Zuhause von **Coffee & Coconuts**. In dem Café, das sich über drei Stockwerke erstreckt, fühlt man sich bei gutem Kaffee und gesunden Gerichten wie in New York.
Ceintuurbaan 282–284, coffeeandcoconuts.com, Tel. 0203541104, tgl. 8.00–19.00 Uhr, Frühstück 10,50 €, Metro 52 De Pijp, Tram 3, 12, 24 De Pijp

㊴ Frischer als in der **Brouwerij Troost** wirst du dein Bier nicht bekommen. Hier haben enthusiastische junge Bierliebhaber ihren Traum von der eigenen Brauerei verwirklicht. Dazu haben sie den perfekten Standort gewählt: ein ehemaliges Kloster mit einem schönen Innenhof. Auf der Karte steht passendes *Pubfood*.
Cornelis Troostplein 21, brouwerijtroost.nl, Tel. 0207605820, Mo–Do 16.00–1.00, Fr 16.00–3.00, Sa 12.00–3.00, So 12.00–0.00 Uhr, Preis 16 €, Bier ab 3,10 €, Metro 52 De Pijp, Tram 12 Cornelis Troostplein

9

32
ALL
THE
LUCK
IN
THE
WORLD
.NL

34

34
are also pairing coffee and
overall culinary experience
Dominika explores the
symmetry and asymmetry,
develops fashion
We also offer
brewing and
Welcome!

SHOPPEN

② Früher war dieses Geschäft eine richtige Kuriosität, aber inzwischen ist der **Java Bookshop** eine Institution. In diesem etwas versteckten Bücherparadies kann man in gemütlicher Atmosphäre in der großen Auswahl an englischer und niederländischer Weltliteratur, Koch- und Kinderbüchern stöbern. Die Mitarbeiter sind enthusiastisch und interessiert. Bei einer Tasse Kaffee helfen sie dir gern, etwas Schönes auszusuchen.

Javastraat 145, www.javabookshop.nl, Tel. 0204634993, Di–Fr 10.00–18.00, Sa 10.00–17.00, So 12.00–17.00 Uhr, Tram 14 Javaplein

⑥ In diesem Geschäft, das sich hinter dem Badehaus verbirgt, betrittst du Wohnräume wie aus den 1950er- und 1960er-Jahren. Und das Beste ist: Bei **Jansen Vintage** kannst du alles kaufen. Alle Gegenstände wurden sorgfältig ausgewählt, von den Lampen, Gläsern, Services bis hin zu besonderen Nachttischen und Möbeln von bekannten und unbekannten Marken.

Javaplein 31h, www.jansenvintage.nl, Tel. 0610125018, Mi, Fr, Sa 11.00–18.00, So 12.00–17.00 Uhr, Tram 14 Javaplein

⑧ Die Eigentümerinnen von **Hartje Oost** möchten nur Produkte verkaufen, die ihre eigene Geschichte erzählen. Hier findest du ausschließlich biologische, nachhaltige, ehrliche, lokale und originelle Dinge. Das bedeutet, dass du hier guten Kaffee, frisches Brot, Kuchen, aber auch schöne Kleidung und handgemachte Deko bekommst. Besonders spannend ist, dass sie Zutaten aus den Geschäften in und um die Javastraat kombinieren, zum Beispiel Peking-Ente aus dem Toko mit Sauerteigbrot aus der Bäckerei in Oost.

Javastraat 23, www.hartjeoost.nl, Tel. 0202332137, Mo–Fr 9.00–18.30, Sa, So 9.00–18.00 Uhr, Tram 14 Zeeburgerdijk

⑨ Dieses Geschäft kann jeder harte Kerl mit ruhigem Gewissen betreten: **DIV. Herenkabinet** ist übersichtlich und schlicht, die Kleidung kommt ausschließlich von den angesagtesten Marken. Der Besitzer kann dir zu jedem Artikel etwas erzählen, von der japanischen Jeans bis zum Schweizer Taschenmesser, vom schwedischen Rucksack bis zur belgischen Sonnenbrille. Hier findest du unter anderem die Marken OBEY und Carhartt.

Javastraat 8, www.divamsterdam.com, Tel. 0206944084, Mo–Fr 10.00–18.30, Sa 10.00–18.00, So 12.00–18.00 Uhr, Tram 14 Zeeburgerdijk

⑫ Seit Secondhand als „Vintage" bezeichnet wird und trendige Geschäfte eine Vorauswahl treffen, steigen die Preise auch für Kleidung aus zweiter Hand. In dem schönen Geschäft von **We Are Vintage** (schau dir auf jeden Fall die Decke an!) machen sie es anders: Hier wird Kleidung kiloweise verkauft und ist trotzdem von bester Qualität! Ein Großteil der Auswahl wird hier nach Marke und Farbe sortiert. Liebhaber von Leder und Landhausstil kommen hier voll auf ihre Kosten.
Eerste van Swindenstraat 43, www.wearevintage.nl, Tel. 0207852777, Mo–Sa 11.00–19.00, So 12.00–18.00 Uhr, Tram 14, 19 1e van Swindenstraat

㉛ **Noor** ist die richtige Adresse, wenn du nach einem festlichen Kleid, einem T-Shirt oder einer Hose suchst. Von Basics bis zu Statement-Items – hier ist für jede Frau etwas dabei, um sich auf den ersten Blick zu verlieben. Das Beste? Hier findest du neue Lieblingsteile zu bezahlbaren Preisen.
Albert Cuypstraat 145, www.nooramsterdam.nl, Tel. 0206702916, Mo–Sa 9.30–18.00, So 12.00–17.00 Uhr, Metro 52 De Pijp, Tram 24 Marie Heinekenplein

㉜ Bei **All the Luck in the World** findest du schöne, neue und Secondhand-Wohnaccessoires, Postkarten, Poster, Küchenutensilien und Tassen von dänischen Designern bis zu niederländischen Künstlern. Sie haben auch eine eigene Schmuckkollektion: raffinierte Ketten, Armbänder und Ohrringe.
Gerard Doustraat 86hs, www.alltheluckintheworld.nl, Tel. 0655022230, Mo, So 12.00–18.00, Di–Sa 11.00–18.00 Uhr, Tram 24 Marie Heinekenplein

FREIZEITTIPPS

⑦ **Studio/K** ist ein Ort für Film, Theater, Musik, Essen und Trinken und ein beliebter Treffpunkt von Studierenden. All dies befindet sich unter dem Dach einer alten Handelsschule. Ein besonderer Tipp für einen schönen Abend ist das Film+Dinner-Paket mit einem Hauptgericht und einer Eintrittskarte für 19 Euro.
Timorplein 62, www.studio-k.nu, Tel. 0206920422, So–Do 11.00–1.00, Fr, Sa 11.00–3.00 Uhr, Kino 11 €, Film+Dinner–Paket 19 €, Tram 14 Javaplein

⑪ Vor rund 100 Jahren wurde der **Dappermarkt** offiziell zum Marktplatz erklärt. Seitdem wurde er schon mehrere Male zum besten Markt der Niederlande gewählt. Absolut zu Recht. Hier bekommst du alles, was man auf einem Markt sucht, vom Strumpfband bis zum Fischsnack *Kibbeling*.

Dapperstraat, www.dappermarkt.nl, tgl. 10.00–17.00 Uhr, Tram 1, 3, 14 Dapperstraat

⑲ Auch ohne Kinder ist **ARTIS** immer einen Besuch wert. Der älteste Tierpark der Niederlande hat bereits 1838 seine Türen geöffnet und sollte die Natur und die Menschen näher zusammenbringen. Heute ist er genauso beliebt wie damals. Hier leben Tiere aus allen Teilen der Welt. Direkt neben ARTIS befindet sich das Café-Restaurant **De Plantage**. Aus dem prächtigen Wintergarten aus dem 19. Jahrhundert hat man einen schönen Blick auf den frei zugänglichen Artisplein.

Plantage Kerklaan 38–40, www.artis.nl, Tel. 0205233670, Tierpark März–Okt tgl. 9.00–18.00, Nov.–Feb. tgl. 9.00–17.00 Uhr, Restaurant Mo–Fr 9.00–1.00, Sa, So 10.00–1.00 Uhr, Eintritt 24 €, Tram 14 Artis

35

⑲ Der **Hortus Botanicus** wurde bereits 1638 eröffnet und gehört damit zu den ältesten botanischen Gärten der Welt. Hier erwartet dich ein exotischer Mix aus 6000 Pflanzen, die sich über einen Garten unter freiem Himmel und verschiedene Gewächshäuser verteilen. In der Orangerie, einem alten und unter Denkmalschutz stehenden Gebäude, kannst du zu Mittag essen. Wirf auch einen Blick in den Shop und nimm dir eine Pflanze oder ein Souvenir als Andenken mit.

Plantage Middenlaan 2a, www.dehortus.nl, Tel. 0206259021, tgl. 10.00–17.00 Uhr, Eintritt 9,75 €, Metro 51, 53, 54 Waterlooplein, Tram 14 Mr. Visserplein

㉒ Im **Oosterpark** siehst du eine Reihe interessanter Denkmäler, darunter *De Schreeuw*, das an die Ermordung von Theo van Gogh erinnert, oder das *Nationale Denkmal zur Geschichte der Sklaverei*. Im Sommer finden hier verschiedene Festivals statt.

Oosterpark, tgl., Tram 1, 3, 14 Linnaeusstraat, 19 Wijttenbachstraat

㉙ Schlendere über den gemütlichen **Albert Cuypmarkt** und beobachte die Händler, die lauthals ihre Waren anbieten. Du solltest auch den schönen Geschäften hinter den Marktständen einen Besuch abstatten.

Albert Cuypstraat, www.albertcuypmarkt.nl, Mo–Sa 9.00–17.00 Uhr, Metro 52 De Pijp, Tram 4 Stadhouderskade, 24 Marie Heinekenplein

㉟ Ende des 19. Jahrhunderts sollte hier der neue Hauptbahnhof gebaut werden, aber zum Glück hatte Samuel Sarphati eine bessere Idee. Der Arzt und Wohltäter schlug vor, einen Park im englischen Landschaftsstil anzulegen und so entstand der **Sarphatipark**, ein entspanntes Stück Grün im belebten Viertel De Pijp.

Sarphatipark, tgl., Tram 3 Tweede van der Helststraat

ROUTE 6

DIE INSELN & NOORD

INFOS ZUR ROUTE

Dieser lange Spaziergang führt dich durch das frühere Hafengebiet. Heute findest du entlang der Strecke architektonische Highlights und interessante Brücken. Wenn du mit der Fähre nach Noord übersetzt, tauchst du ein in das derzeit angesagteste Viertel Amsterdams. Hier dominiert noch immer der Industrie-Look mit seinem rauen Charme, daneben gibt es aber auch viel Kunst und eine lebendige Gastro-Szene zu entdecken. Diese Route lässt sich sehr gut mit dem Fahrrad erkunden, dann kannst du dir noch mehr von Noord anschauen.

DAS VIERTEL

„Alles was nördlich des IJ liegt, gehört nicht zu uns" – davon waren viele Amsterdamer lange Zeit überzeugt. Aber die Zeiten haben sich geändert. Heute bringen die Fähren die Trendsetter nach Noord. Hier kannst du über den größten Flohmarkt Europas bummeln, das futuristische **Eye Filmmuseum** anschauen und findest viele Cafés, Restaurants und Vintage-Boutiquen.

Noord ist das Brooklyn Amsterdams und taucht in immer mehr Rankings als einer der hipsten Stadtteile der Welt auf. Entlang des IJ verläuft ein Boulevard, von dem aus man buchstäblich auf die Stadt blicken und den Kopf frei bekommen kann. Und wenn der Magen knurrt, gibt es hier ein Angebot, bei dem jeder fündig wird. Keine Terrassen, die zwischen Gleisen eingezwängt sind, sondern Gärten und Strände, an denen man nicht von vorbeifahrenden Straßenbahnen und Horden von Touristen gestört wird.

Es ist noch gar nicht lange her, dass kein Amsterdamer freiwillig nach Noord gezogen ist, heute lassen sich immer mehr Familien mit kleinen Kindern auf der anderen Seite des IJ nieder. Hier wohnt man abseits des Trubels der Stadt, ist aber trotzdem schnell im Zentrum. Außerdem kann man hier immer etwas unternehmen. Überall schießen kreative Unternehmen aus dem Boden und immer

BESCHREIBUNG ROUTE 6 (ca. 16,6 km)

Auf dem Oosterdokskade 1 läufst du an der Bibliothek 2 vorbei und über die Brücke. Halte dich rechts, um zur Hannekes Boom zu kommen 3. Gehe zum Scheepskameel 4 oder ein Stück zurück und dann links über die Brücke in Richtung NEMO 5. Lauf um das Museum herum und biege am Oosterdok rechts ab 6. Am Wasser entlang geht es weiter bis zum Scheepvaartmuseum 7. Laufe die Kattenburgergracht entlang bis zur Mühle 8 und Brauerei 9 oder noch ein Stückchen weiter 10. Gehe dann zurück über die Brücke zur Czaar Peterstraat 11 12 und stärke dich unmittelbar vor der Unterführung mit einer Pizza 13. Hinter der Unterführung gehst du über den Piet Heinkade, dann hinter der Haltestelle links über die Gleise und in den Rietlandpark. Laufe über den Lloydplein 14 zum Veemkade. Hier hältst du dich rechts und schlenderst am Wasser entlang. Über die Brücke erreichst du die Insel Java 15. Spaziere links durch den Bogortuin zu den Negen Bruggen 16. Durch den Park und über den Levantkade gelangst du auf die KNSM-Insel 17 18. Biege erst links auf den Levantplein, dann rechts und zweimal nacheinander links ab. Auf der KNSM-Laan 19 kommst du zum Azartplein. Nimm hier die Fähre 915 nach Noord. Nachdem du die Aussicht in der Aambeeldstraat genossen hast 20 21 22, folgst du der Aambeeldstraat nach links und biegst an der Kreuzung nach links in den Gedempte Hamerkanaal ab. Im Gewerbegebiet findest du auf der linken Seite ein Fischrestaurant 23. Kehre um, gehe weiter den Gedempte Hamerkanaal hinunter und biege am Wasser rechts ab. An der ersten Möglichkeit hältst du dich links und biegst hinter dem Supermarkt links ab. Laufe am Wasser entlang über Motorwal und Noordwal zum Fähranleger am IJplein. Hier gehst du nach rechts in die Meeuwenlaan und folgst dem Sixhavenweg nach links, bis du wieder am Wasser bist. An den Schleusen überquerst du das Wasser und wendest dich nach links in den Buiksloterweg. Über den Ranonkelkade erreichst du den Van der Pekplein 24 25. Gehe wieder zurück und laufe am Wasser entlang bis zum Tolhuistuin 26. Überquere die Brücke und halte dich rechts, um eine spektakuläre Aussicht 27 oder einen Kaffee zu genießen 28. Am A'DAM Toren vorbei geht es in Richtung Eye 29. Weiter am Wasser entlang erreichst du den Oeverpark 30. Biege rechts in die Bundlaan ab, links in den Asterweg und wieder rechts in die Chrysantenstraat. Folge dem Distelweg nach links und überquere am Ridderspoorweg das Wasser. Laufe nach der Brücke an der ersten Abzweigung nach links 31 32 bis zum NDSM-Plein und beende deinen Spaziergang am NDSM-Kai 33 34 35 36 37.

SEHENSWÜRDIGKEITEN

⑥ Der **Museumshaven** vermittelt einen guten Eindruck davon, wie dieser Teil Amsterdams im 17. Jahrhundert aussah. Damals lagen hier die Schiffe der Marine und die Niederländische Ostindien-Kompanie hatte hier ihre Werften. Noch bis ins 20. Jahrhundert spielte dieser Hafen eine wichtige Rolle für die Binnenschifffahrt. Heute haben hier 50 bis 150 Jahre alte Schiffe ihre letzte Ruhestätte gefunden. Schaue dir hier verschiedene Tjalks, Klipper, Luxusmotorboote und Schlepper an. Am Kai stehen Maschinen, die früher in den Werften genutzt wurden und auch heute noch in Betrieb sind.

Oosterdok, zw. NEMO und Scheepvaartmuseum, www.museumhavenamsterdam.nl, tgl., Eintritt frei, Metro 51, 52, 53, 54 Centraal Station, Tram 2, 4, 12, 13, 14, 17, 26 Centraal Station

⑦ Das Gebäude des **Scheepvaartmuseums** wurde ab 1656 als Lager für die Amsterdamer Kriegsflotte genutzt. Heute werden hier Gemälde, Schiffsmodelle, Waffen und alte Weltkarten ausgestellt. Vor dem Gebäude kann man einen Nachbau des Schiffs der Ostindien-Kompanie Amsterdam betreten, das Original stammt aus dem Jahr 1749.

Kattenburgerplein 1, www.hetscheepvaartmuseum.nl, Tel. 0205232222, Di–So 10.00–17.00 Uhr, Eintritt 16,50 €, Tram 26 Kattenburgerstraat

⑧ Vom 17. bis zum 19. Jahrhundert reihte sich an der Buitensingelgracht Mühle an Mühle. Die letzten wurden um 1900 abgerissen, nur die im Jahr 1725 erbaute **Korenmolen De Gooyer** konnte ihrem Schicksal entkommen.

Funenkade 5, nicht für die Öffentlichkeit zugänglich, Tram 7 Hoogte Kadijk

⑭ In einem wunderschön renovierten, denkmalgeschützten Gebäude am Oostelijke Handelskade befindet sich das **Lloyd Hotel**. Das Hotel verfügt über rund 120 Zimmer in den Kategorien von einem bis fünf Sternen. 50 verschiedene Künstler haben die Zimmer individuell gestaltet. Die Lobby ist auch ein Café-Restaurant und ein schöner Ort für ein Frühstück oder ein Getränk. Kehre hier ein und bewundere das Hotel auch von innen.

Oostelijke Handelskade 34, www.lloydhotel.com, Tel. 0205613636, Restaurant tgl. 7.30–0.00 Uhr, Tram 26 Rietlandpark

16
STOP
Explore!

29

14

⑮ Die **Insel Java** ist das Zentrum des modernen Amsterdams. Zu Beginn des 20. Jahrhunderts ließ sich die Stoomvaart Maatschappij Nederland, die den Schiffsverkehr von und zu den niederländischen Kolonien betrieb, auf der künstlichen Insel im IJ nieder. Mit dem Ende der Kolonialzeit kam der Handel praktisch zum Erliegen und die Insel verfiel. Lange Zeit wohnten hier Hausbesetzer, bis die Gebäude auf der Insel in den 1990er-Jahren abgerissen wurden. Heute stehen hier postmoderne Häuser im traditionellen niederländischen Stil.

Java-Eiland, Tram 7 Azartplein

⑯ Die Gestaltung der **Negen Bruggen** über die vier Grachten auf der Insel Java sollte Kunst, Architektur und Konstruktion miteinander verbinden. Das belgische Künstlerduo Guy Rombouts und Monica Droste orientierte sich bei seinem Entwurf auf sein eigenes „Azart"-Alphabet (angelehnt an den Azartplein). Dabei wird jeder Buchstabe durch eine Linie und eine Farbe symbolisiert. Zusammen bilden die verschlungenen Linien ein Wort.

Java-Eiland, Tram 7 Azartplein

⑰ Ebenso wie die Insel Java war auch die **KNSM-Insel** bis in die 1950er-Jahre ein bedeutender Ort für den Handel und den Verkehr zu den niederländischen Überseegebieten. Ab 1903 befand sich hier der Sitz der Königlich Niederländischen Dampfschifffahrtsgesellschaft (KNSM). Heute findet man neben den für Amsterdam untypischen Hochhäusern und Neubauten Ärztehäuser, ein Lagerhaus, das Zollgebäude und die Kantine der NDSM. Auch die alte Skulpturengruppe und der Brunnen *Amphitrite* haben den Wandel auf der Insel überlebt.

KNSM-Insel, Tram 7 Azartplein

⑲ Um 1950, als die Fluggesellschaften immer mehr zur Konkurrenz wurden, zog die KNSM alle Register, um die Gunst der Reisenden zu gewinnen. Das Ergebnis war **De Kompaszaal.** In diesem luxuriösen Empfangsgebäude, in dem man heute noch den Glanz der damaligen Schiffe spürt (die von hier nach Java, Ostindien und Borneo in See stachen), kannst du jetzt einen High Tea trinken oder zu Mittag essen. Sonntags kannst du hier von 12.00–16.00 Uhr einer traditionellen britischen Teezeremonie beiwohnen, du solltest allerdings vorher reservieren.

KNSM-Laan 311, www.kompaszaal.nl, Tel. 0204199596, Do–Sa 16.00–0.00, So 12.00–0.00 Uhr, High Tea 18,50 €, Tram 7 Azartplein

㉙ Im **Eye Filmmuseum** kannst du Filme und Ausstellungen anschauen. Eye verfügt über die größte Filmothek der Niederlande mit 46 000 Filmen, 50 000 Fotos und 41 500 Postern. Das futuristische Gebäude wurde 2012 eröffnet.
Ijpromenade 1, www.eyefilm.nl, Tel. 0205891400, Kasse So–Do 9.30–22.00, Fr, Sa 9.30–23.00, Bar So–Do 11.00–1.00, Fr, Sa 11.00–2.00 Uhr, Eintritt frei, Kino 11 €, Ausstellung 11 €, Fähre 901, 907 Buiksloterweg

㉚ Mit dem **Oeverpark** hat Amsterdam endlich auch einen Boulevard am Wasser. Hier gibt es unter anderem ein Ulmen-Arboretum mit mehr als 30 Ulmenarten. Auf der anderen Seite des IJ befindet sich der imposante Hauptbahnhof. Das Dach des Busbahnhofs besteht aus rund 4500 Glaselementen.
Oeverpark, Fähre 901, 907 Buiksloterweg

ESSEN & TRINKEN

① **SkyLounge Amsterdam** bietet einen Panoramablick über die Stadt, den IJ und die nördlichen Stadtteile. Genieße einen Kaffee oder einen Cocktail in der Loungebar oder auf der Dachterrasse.
Oosterdoksstraat 4, www.skyloungeamsterdam.com, Tel. 0205300875, So–Di 11.00–1.00, Mi, Do 11.00–2.00, Fr, Sa 11.00–3.00 Uhr, Kaffee 8 €, Cocktail 18 €, Metro 51, 52, 53, 54 Centraal Station, Tram 2, 4, 12, 13, 14, 17, 26 Centraal Station

③ Einer der angesagtesten Orte Amsterdams ist **Hannekes Boom**. Hier gibt es einen eigenen Anleger und eine Picknickwiese direkt am Wasser. Auf der Speisekarte stehen unter anderem leckere Hot-Dogs und *Patatas Bravas*.
Dijksgracht 4, www.hannekesboom.nl, Tel. 0204199820, So–Do 11.00–1.00, Fr, Sa 10.00–3.00 Uhr, Preis 18,50 €, Metro 51, 52, 53, 54 Centraal Station, Tram 2, 4, 12, 13, 14, 17, 26 Centraal Station

④ **Scheepskameel** steht für Respekt und hochwertiges Essen. Auf der umfangreichen Weinkarte stehen ausschließlich deutsche Weine. Das Restaurant befindet sich in einem schönen Gebäude direkt am Wasser.
Kattenburgerstraat 7, scheepskameel.nl, Tel. 0203379680, Di–Sa 18.00–1.00, So 17.00–19.00 Uhr, Menü 45 €, Tram 6 Muziekgebouw Bimhuis

⑨ Die **Brouwerij 't IJ** braut das beste Bier Amsterdams. Besuche das **Proeflokaal De Molen**, um zum Beispiel eines der Saisonbiere, etwa „PaasIJ" (Osterbier), zu probieren. Am Wochenende werden Brauereiführungen angeboten.
Funenkade 7, www.brouwerijhetij.nl, Tel. 0202619801, tgl. 12.00–20.00, Führungen Fr–So 16.00 Uhr, Bier 3 €, Führung 6,50 €, Tram 7 Hoogte Kadijk

⑩ In einem alten Lager für Baumaterialien ist jetzt **Kop van Oost** untergebracht. Dank der großen Glasfront hast du einen schönen Blick auf die Gracht. Die Einrichtung muss man mögen: viel Lila in verschiedenen Formen und Motiven. Die Gerichte hingegen bieten etwas für jeden Geschmack.
Zeeburgerpad 1, dekopvanoost.com, Tel. 02022386988, Di–Do, So 11.30–0.00, Fr, Sa 11.30–1.00 Uhr, Preis 19,50 €, Drei-Gänge-Menü 34,50 €, Tram 14 Pontanusstraat, Bus 22 Oostenburgergracht

⑫ Nachdem er 31 Jahre lang im Krankenhaus gearbeitet hat, begann Edward nochmal ganz von vorn und eröffnete sein Café **De Koffie Broeder**. Es ist der perfekte Ort, um mit einem guten Frühstück in den Tag zu starten oder um ein

28
FUDGE BROWNIE
KICK STARTER

34

28
THE COFFEE VIRUS

9
Brouwerij 't IJ
Amsterdam

21

9

Sandwich und eine Tasse Kaffee zu genießen. In dem gemütlichen Café fühlt man sich wie in Edwards Wohnzimmer, vor der Tür gibt es eine kleine Terrasse.
Czaar Peterstraat 135d, www.dekoffiebroeder.nl, Tel. 0645582088, Mo–Fr 8.30–17.00, Sa 9.00–17.00 Uhr, Lunch 8 €, Tram 7 Eerste Leeghwaterstraat

⑬ Bei **Rosa & Rita** kannst du zwischen Pizza oder Entrecôte wählen. Beides wird auf den Punkt zubereitet. Du sitzt in einem großen Raum mit einem Holzofen. Rosa und Rita sind übrigens nicht die Inhaberinnen, sondern zwei Tanker, die hier auf dem ehemaligen Werftgelände 1935 vom Stapel liefen.
Conradstraat 471, www.rosaenrita.nl, Tel. 0611122373, Mi–So 16.00–23.00 Uhr, Pizza 12 €, Tram 7, 26 Rietlandpark

⑱ **Kanis & Meiland 3.0**. lässt sich am besten als Stammkneipe der Inselbewohner beschreiben. Aber auch wenn man nicht auf der Insel wohnt, ist man hier natürlich herzlich willkommen.
Levantkade 127, www.kanisenmeiland.nl, Tel. 0207370674, Mo–Fr 9.30–1.00, Sa 10.00–1.00, So 10.00–0.00 Uhr, Kaffee 2,20 €, Bier 2,60 €, Tram 7 Azartplein

⑳ Wenn du die Fähre vom Azartplein nimmst, kannst du schon aus der Ferne den schönen Hangar sehen. Wo sich früher im Hafen das Leben abspielte, lädt heute die Terrasse des **Hangar** zu langen Abenden am Wasser ein. Hier werden mediterrane Gerichte aus Südeuropa und Nordafrika serviert.
Aambeeldstraat 36, hangar.amsterdam, Tel. 0203638657, tgl. 10.00–1.00 Uhr, Preis 22,50 €, Fähre 902 Ijplein, 915 Zamenhofstraat

㉑ In dieser riesigen Lagerhalle befindet sich eines der besten Restaurants Amsterdams. Im **Hotel de Goudfazant** bekommst du saisonale Gerichte zu guten Preisen. Im Inneren herrscht eine gemütliche, ungezwungene Atmosphäre, im Sommer locken die Tische entlang des Wassers nach draußen.
Aambeeldstraat 10h, www.hoteldegoudfazant.nl, Tel. 0206365170, Di–So 18.00–0.00 Uhr, Drei-Gänge-Menü 30 €, Fähre 902 Ijplein, 915 Zamenhofstraat

㉓ Ein Fischrestaurant mit einer überzeugenden Philosophie: In Kooperation mit der Organisation Vis&Seizoen stehen im **Stork** nur saisonale Fischarten auf der Speisekarte, die so nachhaltig wie möglich gezüchtet und gefangen werden.

Wenn man dann noch den industriellen Charakter, den Blick auf den IJ und die riesige Terrasse hinzunimmt, versteht man, warum dies der perfekte Ort für eine gute Fischsuppe oder frischen Seebarsch ist.

Gedempt Hamerkanaal 201, www.restaurantstork.nl, Tel. 0206344000, Sommer tgl. 11.00–22.00 Uhr, Winter Mo geschl., Preis 23 €, Fähre 902 IJplein, 915 Zamenhofstraat

㉔ Bei **Il Pecorino** bekommst du tagsüber Panini und abends eine knusprige traditionelle neapolitanische Pizza aus dem Holzofen. Im Sommer nimmst du auf dem gemütlichsten Platz in Amsterdam-Noord auf der sonnigen Terrasse Platz.

Van der Pekplein 11, www.ilpecorino.nl, Tel. 0207371511, Mo–Do 17.00–23.00, Fr–So 12.00–23.00 Uhr, Pizza 13 €, Fähre 901, 907 Buiksloterweg

㉕ Dies ist ein Ort für alle Feinschmecker. Im **Café Modern** gibt es nämlich nichts, was es nicht gibt. Der Chefkoch stellt ein Fünf-Gänge-Menü für dich zusammen, mit dem er deine Sinne verzaubert – jeden Tag etwas anderes, immer himmlisch und originell. Wenn du weder Fisch noch Fleisch isst oder etwas anderes überhaupt nicht magst, ist das auch kein Problem. In diesem wundervoll eingerichteten Gebäude befand sich früher eine Bank. Wenn du zur Toilette gehst, betrittst du den alten Banktresor.

Meidoornweg 2, modernamsterdam.nl, Tel. 0204940684, Mo–Do 12.00–0.00, Fr, Sa 12.00–1.00 Uhr, Fünf-Gänge-Menü 40 €, Fähre 901, 907 Buiksloterweg

㉘ Natürlich kommt man für den Kaffee ins **The Coffee Virus A Lab.** Die frisch gerösteten Kaffeebohnen werden von unterschiedlichen lokalen Röstereien geliefert. Die Qualität bleibt aber immer gleich hoch. Auch die Torten und Lunch-Gerichte lohnen einen Besuch.

Overhoeksplein 2, thecoffeevirus.nl, Tel. 0202442341, Mo–Fr 9.00–16.30 Uhr, Sandwich 4,95 €, Kaffee 4,50 €, Fähre 901, 907 Buiksloterweg

㉞ Von außen wirkt **Noorderlicht** mit seiner Glaskuppel wie ein Gewächshaus. Im Inneren besticht vor allem die schöne Einrichtung aus Materialien aus dem Wald und von der Straße. Die Lage am NDSM-Kai, die stimmungsvolle Livemusik und die Karte machen Noorderlicht zu einem der besten Lokale in Amsterdam.

NDSM–Plein 102, www.noorderlichtcafe.nl, Tel. 0204922770, So–Do 11.00–1.00, Fr, Sa 11.00–3.00 Uhr, Preis 13,50 €, Fähre 903, 905, 906 NDSM

Escape the busy city

32

(35) **Pllek** bezeichnet sich selbst als „creative hang-out", wo man am Wochenende an Yoga-Kursen teilnehmen, *conscious films* (Filme, die zum Nachdenken anregen) ansehen und Detox-Cocktails trinken kann. Zu essen gibt es Sandwiches aus lokalen Produkten und leckere Mahlzeiten aus nachhaltigen Zutaten. Setz dich vor dem aus Seecontainern errichteten Gebäude auf die Strandterrasse.
TT Neveritaweg 59, www.pllek.nl, Tel. 0202900020, So–Do 9.30–0.00, Fr, Sa 9.30–1.00 Uhr, Preis 19,50 €, Sandwich 9,50 €, Fähre 903, 905, 906 NDSM

(37) Die industrielle **IJ-Kantine** war früher die Verwaltung, die Montagehalle und die Kantine der NDSM-Werft und wurde von den Mitarbeitern der Werft errichtet. Als die Kantine in den 1980er-Jahren in Konkurs ging, übernahm die Belangenvereniging Baanloze Scheepsbouwers das Gebäude als Freizeitheim für arbeitslose Werftarbeiter. Heute ist hier ein schönes Café-Restaurant mit Blick auf den IJ.
NDSM-Kade 5, www.ijkantine.nl, Tel. 0206337162, tgl. 9.00–1.00 Uhr, Preis 16 €, Lunch 8,50 €, Fähre 903, 905, 906 NDSM

SHOPPEN

(11) Mit dem **CP113** hat auch die Czaar Peterstraat ihren eigenen Concept Store erhalten. Während du einen Kaffee der Stadtrösterei in Amsterdam-Noord trinkst und ein Stück Kuchen von der Bäckerei Van Moss isst, stöberst du durch die Kleidung in dem schön eingerichteten Laden. In den Regalen findest du Vintage- und neue Kleidung. Hier kannst du auch die Einrichtung kaufen!
Czaar Peterstraat 113, Tel. 0202231976, Di–Sa 12.00–18.00 Uhr, Tram 7 Eerste Leeghwaterstraat

(31) So viel Vintage, Design und Industrieprodukte wie im Lager von **Neef Louis Design** hast du wahrscheinlich noch nie an einem Ort gesehen. Neef Louis ist ein Meister darin, schöne Möbel, Lampen und Accessoires zu finden. Er bekommt oft Anfragen für die Einrichtung von Geschäften, Ausstellungen, Filmsets und Messen. Im benachbarten **Waargenoegen** kannst du nicht nur ein gutes Mittagessen, sondern auch den leckersten Apfelkuchen der Niederlande genießen.
Papaverweg 46–48, www.neeflouis.nl, Tel. 0204869354, Di–Sa 10.00–18.00 Uhr, Fähre 900 Distelweg, 903, 905, 906 NDSM, Bus 38 Klaprozenweg, 391, 393, 394 Floraweg

㉜ Die Mitarbeiter von **Van Dijk & Ko** besuchen gerne Ungarn und Rumänien. Denn sie wissen, dass sie dort schöne Schränke, Betten und Garderoben finden, die ein neues Leben verdient haben. Neben diesen Ausstellungsstücken findest du in dem 2500 Quadratmeter großen Lager auch handgefertigte Lampenschirme und Lampenfüße von Gezusters Stoop Lampenkappenatelier sowie eine große Buchabteilung. Alles, was du hier siehst, sind Einzelstücke.
Papaverweg 46, www.vandijkenko.nl, Tel. 0206841524, Di–Sa 10.00–18.00, So 12.00–18.00 Uhr, Fähre 900 Distelweg, 903, 905, 906 NDSM, Bus 38 Klaprozenweg, 391, 393, 394 Floraweg

㊱ Die Designerin Esther von **Woodies at Berlin** arbeitet mit Holz und Stahl und hat drei Möbellinien: schlicht, organisch und natürlich. Im Geschäft kannst du dir ihre Modelle ansehen – oder du arbeitest mit Esther an deinem ganz persönlichen Entwurf. Neben Möbeln und Lampen findest du hier auch attraktive Fairtrade-Kleidung.
Ms. van Riemsdijkweg 51, www.woodiesatberlin.nl, Tel. 0643008100, Sa 12.00–17.00, Fähre 903, 905, 906 NDSM

FREIZEITTIPPS

② Am 07.07.07 öffnete die **Centrale Bibliotheek** von Amsterdam als größte Bibliothek der Niederlande ihre Türen. Auch wenn du keine Bücher ausleihen kannst, lohnt sich ein Besuch. Die Einrichtung ist modern und ansprechend, aber am schönsten ist die Aussicht vom Restaurant im siebten Stock. In der Kinderabteilung steht Das Mäusehaus, eine interessante Konstruktion aus Abfall mit mehr als 100 Räumen, die von den Mäusen aus dem gleichnamigen Kinderbuch von Karina Schaapman bewohnt werden.
Oosterdoksekade 143, www.oba.nl, tgl. 8.00–22.00 Uhr, Eintritt frei, Metro 51, 52, 53, 54 Centraal Station, Tram 2, 4, 12, 13, 14, 17, 26 Centraal Station

⑤ Das **NEMO Wissenschaftsmuseum** ist das größte Wissenschaftszentrum der Niederlande. Auf fünf Etagen verteilen sich wissenschaftliche und technologische Versuchsanordnungen und Inspirationen. Die Ausstellung ist nicht nur für wissbegierige Kinder interessant, auch Erwachsene erleben hier einen span-

5

nenden und lehrreichen Tag. Man erfährt zum Beispiel, wie Licht-, Wasser- und Windenergie gewonnen wird. Die Dachterrasse, die man auch ohne Besuch des Museums betreten kann, ist ein ganz besonderer Ort für ein Getränk.

Oosterdok 2, www.nemosciencemuseum.nl Tel. 0205313233, Di–So 10.00–17.30, im Sommer tgl. 10.00–17.30, Dachterrasse im Sommer So–Mi 10.00–17.30, Do–Sa 10.00–21.00 Uhr, Eintritt Museum 17,50 €, Eintritt Dachterrasse ohne Museum 3,50 € inkl. Verzehr, Metro 51, 52, 53, 54 Centraal Station, Tram 2, 4, 12, 13, 14, 17, 26 Centraal Station, 26 Muziekgebouw Bimhuis

㉒ **FC Hyena** ist kein Fußballverein, sondern ein Boutique-Kino mit kleinem Restaurant und Weinbar. Das bedeutet, dass neben Softdrinks und Popcorn auch gute Weine mit passenden Snacks aus dem Holzofen serviert werden. Natürlich darf man alles in den Kinosaal mitnehmen. Die Filme werden in zwei Sälen mit handgefertigten Bänken gezeigt. FC steht hier zwar für „Film Club", aber die Einrichtung erinnert durchaus etwas an eine Sportgaststätte.

Aambeeldstraat 24, fchyena.nl, Tel. 0203638502, Mo–Fr 12.00–0.00, Sa, So 11.00–1.00 Uhr, Kino 11 €, Hauptgericht 13,50 €, Fähre 902 IJplein, 915 Zamenhofstraat,

㉖ 70 Jahre lang haben hier die Mitarbeiter von Shell ihre Butterbrote gegessen. Heute sind die alte Werkskantine und der zugehörige Garten, der vor 150 Jahren als Stadtpark angelegt wurde, wahre kulturelle Hotspots. Das Gebäude des **Tolhuistuin** wird unter dem Namen **Paradiso Noord** für Konzerte und Auftritte genutzt, im Sommer treten hier an jedem Wochenende Musiker und Theatergruppen auf.

IJpromenade 2, www.tolhuistuin.nl, Tel. 0207604820, Restautant tgl. 12.00–23.00 Uhr, siehe Webseite für Programm und Preis, Hauptgericht 10,25 €, Fähre 901, 907 Buiksloterweg

㉗ *Swing over the edge* in 100 Metern Höhe bei **A'DAM Lookout**, auf dem charakteristischen A'DAM Toren, und genieß den einmaligen Blick auf Amsterdam. Wenn diese Schaukel doch etwas zu waghalsig für dich ist, dann gönn dir ein Getränk in der Rooftop-Bar oder reserviere einen Tisch für ein ganz besonderes Abendessen im Panorama-Restaurant **Moon**.

Overhoeksplein 5, www.adamlookout.com, Tel. 0202420100, A'DAM LOOKOUT tgl. 11.00–19.00, Restaurant Mo–Mi 18.00–21.00, Do–So 12.00–21.00 Uhr, Eintritt 14,50 €, Schaukel 5 €, Eintritt und Moon Dinner 59,50 €, Fähre 901, 907 Buiksloterweg

㉝ Leider sind die **IJ-Hallen** nur an einem Wochenende im Monat geöffnet, allerdings macht dies die Hallen zu etwas ganz Besonderem. Der Flohmarkt in den (und im Sommer auch vor den Toren der) IJ-Hallen ist mit 750 Ständen einer der größten Europas. Aufgrund der zunehmenden Popularität muss man inzwischen nach richtigen Schnäppchen suchen, aber die Stimmung ist immer noch einzigartig und ausgefallene Teile findet man hier überall.

TT Neveritaweg 1, www.ijhallen.nl, geöffnet 1x/Monat Sa, So 9.00–16.30 Uhr (siehe Webseite), Eintritt 5 €, Fähre 903, 905, 906 NDSM

WAS ES SONST NOCH GIBT

Wenn du den in diesem Buch beschriebenen Routen folgst, kommst du an einer Menge Sehenswürdigkeiten vorbei. Doch natürlich gibt es noch weitere Orte abseits der Spaziergänge, die einen Besuch lohnen. Diese sind hier kurz aufgeführt. Achtung: Manche sind vom Zentrum aus schlecht zu Fuß zu erreichen, doch mit dem öffentlichen Nahverkehr gelangst du problemlos dorthin.

Ⓐ Wer dem Großstadtleben entkommen möchte, kann mit dem Fahrrad oder dem Bus zum **Amsterdamse Bos** fahren, einem Natur- und Erholungspark zwischen Amsterdam und Amstelveen. Ein herrlicher Ort für lange Spaziergänge oder Fahrradtouren. Auf dem großen Teich kannst du auch Kanu oder Tretboot fahren, es gibt zwei Kinderschwimmbecken und einen Ziegenhof. Am Waldrand liegen einige Hockey- und Fußballplätze. Außerdem gibt es hier auch einen Ruderverein, auf der Regattastrecke werden regelmäßig Ruderwettbewerbe ausgetragen. Besonders unterhaltsam sind die Events auf der großen Freilichtbühne, die im Juli und August viele Menschen anlocken. Dann sitzen die Menschen oft stundenlang mit ihren Picknickkörben und Weinflaschen auf den Bänken.

Bosbaanweg 5, www.amsterdamsebos.nl, Besucherzentrum Di–So 10.00–17.00 Uhr, Eintritt frei, Bus 242 Amsterdamse Bos

Ⓑ Abgesehen von dem schönen hippieartigen Stadtstrand von **Blijburg** ist **IJburg** für viele Amsterdamer leider ein völlig unbekanntes Gebiet. Dabei kann man hier einiges erleben. IJburg setzt sich aus sechs Inseln zusammen. Mit Blick auf ihren besonderen Baustil ist **Steigereiland Zuid** die interessanteste von ihnen. Die Bewohner durften ihre Häuser selbst entwerfen, das zeigt sich besonders in der J.O. Vaillantlaan. Außerdem gibt es am Haringbuisdijk schwimmende Häuser. Auf Centrumeiland kannst du im Strandpavillon **Haas & Popi** mit den Füßen im Sand sitzen. Und auf Haveneiland-West findest du das nette griechische Restaurant **I-Grec**.

IJburglaan, Tram 26 Steigereiland

Ⓒ In den modernen Gebäuden des **Wissenschaftsparks** studieren und arbeiten zahlreiche Studierende der Naturwissenschaften. Nicht nur die wissenschaftliche Fakultät der Universität Amsterdam, sondern auch das Amsterdam

University College, Dutzende von Forschungsinstituten und etwa 120 Unternehmen haben hier ihren Sitz. Mehrere Gebäude wurden für den Gouden A.A.P. (Amsterdamer Architekturpreis) nominiert, darunter das Amsterdam University College. Schau dir auch die Lichtinstallation *Raw Paradise* im Tunnel unter dem Bahnhof an, in dem das künstliche Licht von Hunderten von LED-Leuchtkästen mit dem natürlichen Licht von draußen verschmilzt.

Science Park, Bus 40 University College, Zug Amsterdam Science Park

Ⓓ Nur einen Steinwurf von Amsterdam entfernt liegt **Broek in Waterland**. Das Dorf mit traditionellen Holzhäusern ist von Wiesen und Wassergräben umgeben. Es war immer wohlhabend, aber in Krisenzeiten wurden die bunten Häuser in Grau angemalt. Immer noch sind viele Gebiete nur mit dem Boot erreichbar. Warum mietest du dir nicht ein Elektroboot und fährst selbst durch die Wassergräben und Seen? Dank des leisen Motors kannst du ganz in Ruhe die vielen hier lebenden verschiedenen Vogelarten beobachten.

Belmermeer 5, Broek in Waterland, www.fluisterbootvaren.nl, Tel. 0637525640, 3 Std. 55 €, Bus 312, 314, 315, 316 Broek in Waterland oder einfach mit dem Fahrrad

(E) Auf der anderen Seite des IJmeers liegt die Burg **Muiderslot**. Die imposante mittelalterliche Wasserburg wurde um 1285 von Graf Floris V. erbaut. Die Burg liegt etwa 15 Kilometer außerhalb von Amsterdam in dem malerischen Ort Muiden. Anhand der hier ausgestellten Alltaggegenstände und Gemälde erfährst du mehr über das Leben auf Muiderslot während der Blütezeit des sogenannten Goldenen Zeitalters. Vor ungefähr 400 Jahren lebte hier der berühmte Schriftsteller P. C. Hooft. Die Zimmer sind im Stil des 17. Jahrhunderts eingerichtet. Neben dem Schloss lohnt der wunderschöne Garten einen Besuch.

Herengracht 1, Muiden, www.muiderslot.nl, April–Okt. tgl. 10.00–17.00, Nov.–März Di–So 10.00–17.00 Uhr, Eintritt 15,50 €, Zug bis Weesp, Bus 110 nach Muiden Centrum

(F) Die Polder vor den Toren Amsterdams zwischen West- und Halfweg waren lange Zeit ein heruntergekommenes und unbebautes Gebiet. Doch seit sich eine Reihe kreativer und abenteuerlustiger Menschen dieses Stück Natur zu eigen gemacht hat, gibt es in den **Tuinen van West** viel zu erleben und zu sehen. In diesem einzigartigen Gebiet kann man wunderbar spazieren gehen, Obst pflücken, reiten und Rad fahren. Versteckt zwischen den Bäumen findest du **Het Rijk van de Keizer**. Hier kannst du ein leckeres Bio-Mittagessen genießen.

Joris van den Berghweg 101–111, www.tuinenvanwest.info, www.hetrijkvandekeizer.nl, Tel. 0204977506, Fr–So 10.00–19.00 Uhr, Bus 21, 61 Aalbersestraat oder mit dem Fahrrad

(G) Mitten im Hafen von Amsterdam liegt **Ruigoord**. Zu Beginn der 1970er-Jahre wohnten hier 200 Menschen und das Dorf drohte vom Hafen verschluckt zu werden. Der Pfarrer und einige Bewohner erhoben sich gegen die Pläne, den Hafen zu erweitern und wurden 1972 von Künstlern aus Amsterdam unterstützt. Im Juli 1973 übergab der Pfarrer die Schlüssel der Kirche an die Künstler in der Hoffnung, dass sie das Dorf retten könnten. Seitdem ist Ruigoord ein Zufluchtsort mit Hippie-Atmosphäre. Obwohl die ursprünglichen Pläne vorsahen, dass ganz Ruigoord für die Erweiterung des Hafens weichen sollte, wurde im Jahr 2000 beschlossen, dass ein Teil des Dorfes erhalten bleiben sollte. Heute darf hier niemand mehr wohnen, dafür gibt es zahlreiche Galerien und Ateliers. Es finden viele alternative kulturelle Veranstaltungen statt und jeden Sommer ist Ruigoord Gastgeber des Landjuweel-Festivals (Programm siehe Webseite).

Ruigoord, www.ruigoord.nl, Bus 382 Ruigoord Dorp oder mit dem Fahrrad

(H) Wenn du hinter dem Hauptbahnhof die Fähre nimmst und am Anleger auf der anderen Seite den Buiksloterweg hinunterläufst, erreichst du die **Van der Pekstraat**, eines der berühmten „Gartendörfer". Was früher ein Problemviertel war, das angelegt wurde, um die Wohnungsnot in Amsterdam zu beheben, ist heute eine belebte Straße mit vielen schönen Geschäften, in der mittwochs, freitags und samstags der **Pekmarkt** stattfindet. Im Mini-Kaufhaus **Pek & Kleren** findest du nachhaltige Marken, besondere Produkte und nette Geschenke. Im gemütlichen Innenhof von **Boka's** bekommst du eine Tasse Kaffee und ein leckeres Stück Kuchen. Für kulinarische Genüsse ist das **Café Modern** die richtige Adresse, indonesische Spezialitäten gibt es bei **Kannibalen en Paradijsvogels** und bei **Il Pecorina** werden köstliche Pizzas aus dem Holzofen serviert.

Van der Pekstraat, www.pekmarkt.nl, Metro 52 Noorderpark, Fähre 901, 907 Buiksloterweg

(I) Das klassische Bild der Niederlande wie auf den vielen Postkarten, mit malerischen Häusern, vielen Windmühlen und Wiesen. Das ist **Zaanse Schans**. Das Gebiet entlang der Zaan wurde so angelegt, dass das historische Erbe aus dem 18. und 19. Jahrhundert erhalten blieb. Seit 1961 werden hölzernen Mühlen, Scheunen und Häuser mit der für die Region Zaan typischen Holzarchitektur hierher verlegt. In den Mühlen und Scheunen wird gezeigt, wie dort früher gearbeitet wurde. Es gibt einen Holzschuhmacher, du kannst eine Käserei besichtigen oder in der Schnapsbrennerei Schnaps probieren. Im **Zaans Museum** und im **Verkade Experience** erfährst du alles über die abwechslungsreiche Geschichte der Handwerkskunst. Die ehemalige Schokoladenfabrik Verkadefabriek thront seit fast 100 Jahren am Ufer der Zaan. Ursprünglich wurde sie als Brot- und Zwiebackfabrik gegründet. Die Familie Verkade hat die Entwicklung des Unternehmens sorgfältig dokumentiert. Das Ergebnis ist eine umfangreiche Sammlung von 9000 Fotos, 1000 Plakaten und Anzeigen, 2000 Verpackungen und immer noch funktionierenden Maschinen. 2009 fand die Sammlung im Verkade Paviljoen ein neues Zuhause. Das Gebiet ist nicht nur ein attraktives Ausflugsziel für Besucher aus dem Ausland, auch niederländische Gäste tauchen hier gern in die glorreiche niederländische Vergangenheit ein. Die besten Tage für einen Besuch von Zaanse Schans sind Montag und Dienstag, dann ist es hier am ruhigsten. Oder du kommst am Nachmittag.

Schansend 7, Zaandam, www.dezaanseschans.nl, Eintritt Zaanse Schans frei, Zaans Museum 12,50 €, Bus 391 Zaanse Schans, Zug Zaandijk Zaanse Schans

AUSGEHEN

In Amsterdam gibt es unzählige Clubs und Bars, in denen man bis in die frühen Morgenstunden feiern kann. Die meisten liegen rund um den Leidseplein, Rembrandtplein und de Wallen, wo sich die meisten Touristen aufhalten. Zwischen dem Trubel und den zwielichtigen Spelunken gibt es legendäre Clubs wie das **Paradiso** und **Melkweg** mit guten Konzerten und Partys. Wenn du lieber abseits der touristischen Spots feiern möchtest, findest du überall in der Stadt Alternativen: in Noord auf dem NDSM-Gelände, in Oost an der Wibautstraat und im Westen am Hugo de Grootplein oder am Westerpark. Im Jordaan-Viertel gibt es viele gemütliche Bars und Kneipen. Theaterkarten für Vorstellungen am selben Abend findest du auf Last Minute Ticket Shop (*lastminuteticketshop.nl*).

Die schönsten aktuellen Adressen findest du auf unserer Webseite: von eleganten Cocktailbars und Weinlokalen bis zu urigen Kneipen und angesagten Clubs.

GVB
53
Make
Some
Noise

REGISTER

SEHENSWÜRDIGKEITEN

Amsterdam Museum 26
Anne Frank Huis 45
Arbeidsbeurs 44
Begijnhof 25
Berlageblokken 102
Beurs van Berlage 26
Bosleeuw Midden 82
Eremitage Amsterdam 22
Eye Filmmuseum 126
Fo Guang Shan He Hua Tempel 22
Foam 25
Homomonument 45
Houthavens 85
Huis met de Kabouters 104
IJburg 138
Internationaal Theater Amsterdam 62
Java (Insel) 125
Jeruzalemkerk 82
Johnny Jordaanplein 42
Jordaanmuseum 42
Jüdisches Historisches Museum 104
KNSM-Insel 125
Kompaszaal, De 125
Königlicher Palast 26
Korenmolen De Gooyer 122
Lloyd Hotel 122
Magere Brug 25
Mercatorplein 82
Moco Museum 17
Molen de Bloem 84
Muiderslot 141
Munttoren 25
Museum Het Schip 84
Museumhaven 122
Negen Bruggen 125
Nieuwe Kerk 26
Oeverpark 126
Ons' Lieve Heer op Solder 27
Oude Kerk 27
Oudemanhuispoort 25
Pakhuis Het Veem 85
Portugese Synagoge 102
Prinseneiland 42
Rembrandthuis 22
Rijksmuseum 62
Scheepvaartmuseum, Het 122
Schreierstoren 22
Stadsschouwburg 62
Statue André Hazes 105
Stedelijk Museum 65
Steigereiland Zuid 138
Tropenmuseum 102
Turnzaal 44
Van Gogh Museum 65
Verzetsmuseum 102
Vespuccistraat 82
Villa Nieuw Leyerhoven 62
Vondelkerk 65
Westergasterrein 84
Westerkerk 45
West-Indisch Huis 42
Wissenschaftspark 138
Zaanse Schans 142
Zevenlandenhuizen 62

ESSEN & TRINKEN

Badhuis Oedipus 105
Bakers & Roasters 16
Bakker Bertram 70
BAK Restaurant 93
Baksels 66
Bar Baarsch 86
Bar Bistro Belleami 69
Bar Botanique 106
Bar Bouche 109
Bar Bukowski 106
Bar Frits 86
Bar Kauffmann 85
Bar Spek 85
Belhamel, De 50
Betawi 90
Betty Blue 30
Biertuin, De 106
Bird 29
Bistro Berlage 26
Blue° 32
Boka's 142
Breakfast Club, the 67
Brouwerij 't IJ 127
Brouwerij Troost 111
Buffet van Odette 14
Café de Tuin 46

Café De Walvis 91
Café Modern 130
Café Nieuw Amsterdam 45
Café Thijssen 46
Café Thuys 69
Coffee Bru 109
Coffee & Coconuts 111
Coffee Virus A Lab, The 130
Deli-caat 86
Drover's Dog 105
Druis 69
Dwaze Zaken 29
Eetwinkel Buurman & Buurman 89
Espressofabriek 16
Frits 89
Forno 70
Gartine 30
Gebrouwen door Vrouwen 69
Haas & Popi 138
Hangar 129
Hannekes Boom 126
Happyhappyjoyjoy 66
Hofje van Wijs 29
Hotel de Goudfazant 129
I-Grec 138
IJ-Kantine 133
In de Waag 30
In't Aepjen 33
Karaat Amsterdam 91
Kanis & Meiland 3.0 129
Kannibalen en Paradijsvogels 142
Koffie Broeder, De 127
Koffie Salon, De 66
Kop van Oost 127
Laatste Kruimel, De 30
Little Collins 109
Lot Sixty One Coffee Roasters 67
Louie Louie 106
Luwte, De 49
Maris Piper 110
Moon 137
Mossel & Gin 90
My Little Patisserie 110
Noorderlicht 130
Oliva, La 48
Pacific 90
Palladio 48
Pasta Pasta 33
Pazzi Amsterdam 69
Pecorino, il 130, 142
Petit Gâteau 46
Plantage, De 115
Pllek 133
Pluk 49
Proeflokaal De Molen 127
Proeflokaal 't Blauwe Theehuis 65
Quartier Putain 16
Radijs 86
Ree7 49
REM Eiland 93
Restaurant Freud 90
Rijk van de Keizer, Het 141
Roopram Roti 106
Rosa & Rita 129
Ruyschkamer, De 109
Scandinavian Embassy 110
Scheepskameel 126
Screaming Beans 16
SkyLounge Amsterdam 126
SLA 110
Sous 49
Stadspaleis 32
Stork 129
Strangelove 77
Sugar & Spice Bakery 29
Terrasmus 89
Tony's Chocolonely Chocolate Bar 26
Vegan Junk Food Bar Westside 70
Vinnies 45
Vlaams Friethuis Vleminckx 32
Vondelpark/3 66
Waargenoegen 133
WG Café 77
White Label Coffee 86
Wilde Westen 89
Wilde Zwijnen 105
Winkel 43 46

SHOPPEN

&klevering Centraal 50
All the Luck in the World 114
Asia Station 33
Bis! 34
Bureau Wijn 94
Chocolaterie Pompadour 54
CP113 133
DIV. Herenkabinet 113
Frankie's Corner 73
Gathershop 73
Gesponnen Suiker 74

Gift Lab, The 50
Hartje Oost 113
It's a Present! 50
Jansen Vintage 113
Java Bookshop 113
Jutka & Riska 70
Kaaskamer van Amsterdam, De 53
Kesbeke Zoet & Zuur 94
KWEEK Stadstuinwinkel 94
Label 1401 74
Laura Dols 54
Locals 34
MaisonNL 34
MeCHICas 54
Misc Store 73
Neef Louis Design 133
Nieuwe Boekhandel, De 94
Noor 114
Oud-Hollandsch, Het Snoepwinkeltje, Het 53
Pek & Kleren 142
Sukha 53
Think I Like Things I Love 93
T.I.T.S. 73
Toko Dun Yong 33
Universe on a T-Shirt 53
Utrechtsestraat 15, 21
Van Dijk & Ko 134
Waterlooplein 34
Waxwell Records 55
We Are Labels 54
We Are Vintage 114
Wine Spot, The 93
Woodies at Berlin 134

FREIZEITTIPPS

A'DAM Lookout 137
Albert Cuypmarkt 117
Amsterdamse Bos 138
ARTIS 115
Bellamystraat 76
Blijburg 138
Boekenmarkt op 't Spui 36
Broek in Waterland 140
Brouwerij de Prael 37
Casablanca 37
Centrale Bibliotheek 134
Concertgebouw, Het 77
Dappermarkt 115
Erasmuspark 96
FC Hyena 136
Hallen, De 74
Hortus Botanicus 117
IJ-Hallen 137
Karthuizerhofje 57
Kattencafé Kopjes 96
Ketelhuis, Het 97
Lab111 77
Melkweg 143
Movies, The 55
NEMO Wissenschaftsmuseum 134
Nes 36
Nieuwe Liefde, De 76
Noordermarkt 57
Oosterpark 117
Paradiso 143
Paradiso Noord 137
Paviljoen 3 77
P.C. Hooftstraat 77
Pekmarkt 142
Podium Mozaïek 97
Proeflokaal A. van Wees 57
Ruigoord 141
Sarphatipark 117
Studio/K 114
Tolhuistuin 137
Tuinen van West 141
Van der Pekstraat 142
Verkade Experience 142
Vondelpark 74
W139 37
Westerpark 97
Wilhelmina Gasthuis 77
Zaans Museum 142

VERKEHR

Ausflugsboote 11
Auto 11
Bus 8
Fahrrad 12
Fahrradtaxi 11
Hop-on-Hop-off Boot und -Bus 11
Metro 8
Nachtbus 8
OV-Fahrräder 12
Taxi 11
Tram 8
Zug 8

IN GLEICHER REIHE

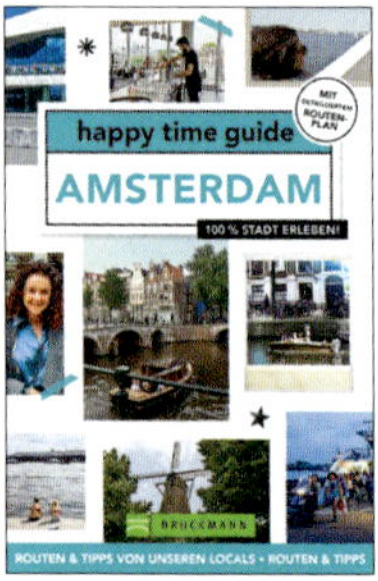

ISBN 978-3-7343-2021-7

ISBN 978-3-7343-2583-0

ISBN 978-3-7343-1878-8

ISBN 978-3-7343-2582-3

Happy time guide – mehr als ein Reiseführer!

Der happy time guide nimmt dich mit auf unterschiedliche Spaziergänge, auf denen du die Stadt in deinem eigenen Tempo entdeckst und den Lebensstil der Locals kennenlernst. Und das alles, ohne dich vorbereiten zu müssen! Alle Adressen sind persönliche Empfehlungen der Autoren, die in der Stadt leben. Mit inspirierenden Bildern und praktischen Ausklappkarten.

BRUCKMANN

www.bruckmann.de

ERSCHIENEN

ISBN 978-3-7343-2581-6

ISBN 978-3-7343-2576-2

ISBN 978-3-7343-2580-9

ISBN 978-3-7343-2579-3

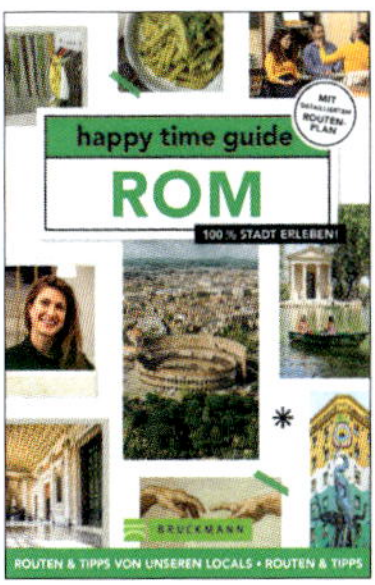

ISBN 978-3-7343-2578-6

ISBN 978-3-7343-2577-9

IMPRESSUM

This edition is published by Bruckmann Verlag GmbH
in cooperation with »time to momo«.
Autorin: Kirsten Duijn
Fotos: David in den Bosch, Evelien Vehof, Saskia van Rijn, Tijn Kramer, Judith Zebeda, Hans Zeegers, Luuk Kramer
Layout: Studio 100%, Oranje Vormgevers
Kartografie: Van Oort redactie en kartografie
Repro: MasterColors Media

Verantwortlich: Claudia Hohdorf
Übersetzung: Philipp Diepmans
Redaktion: Anne Köhler
Korrektorat: Christiane Gsänger
Satz: Silke Schüler
Repro: LUDWIG:media
Herstellung: Alexander Knoll
Printed in Slovenia by Florjancic

ISBN 978-3-7343-2021-7

★★★★★

Sind Sie mit diesem Titel zufrieden? Dann würden wir uns über Ihre Weiterempfehlung freuen. Erzählen Sie es im Freundeskreis, berichten Sie Ihrem Buchhändler, oder bewerten Sie bei Onlinekauf. Und wenn Sie Kritik, Korrekturen, Aktualisierungen haben, freuen wir uns über Ihre Nachricht an Bruckmann Verlag, Postfach 40 02 09, D-80702 München oder per E-Mail an lektorat@verlagshaus.de.

Unser komplettes Programm finden Sie unter www.bruckmann.de

In diesem Buch wird aus Gründen der besseren Lesbarkeit das generische Maskulinum verwendet. Weibliche und anderweitige Geschlechteridentitäten werden dabei ausdrücklich mitgemeint, soweit es für die Aussage erforderlich ist.

Die Deutsche Nationalbibliothek verzeichnet diese Publikation in der Deutschen Nationalbibliografie; detaillierte bibliografische Daten sind im Internet über http://dnb.d-nb.de abrufbar.